Le

MANAGEMENT OPÉRATIONNEL

Direction et Animation

DES ÉQUIPES

PHILIPPE RAMOND

Le MANAGEMENT OPÉRATIONNEL
Direction et Animation
DES ÉQUIPES

- **Organisation**
- **Délégation**
- **Décision**
- **Contrôle**
- **Appréciation**
- **Stimulation**
- **Formation**
- **Communication**

MAXIMA
LAURENT du MESNIL • EDITEUR

Philippe Ramond, Docteur en économie et en psychologie sociale, a réalisé l'ensemble de ses études et de ses travaux à l'Université Paris-Dauphine.

Conseil en Entreprise, il dirige le Cabinet CARDINAL CONSEIL, fondé en 1977, spécialisé, au sein du secteur bancaire, dans les activités de Conseil et formation en Management, Marketing et Ressources Humaines.

Il conseille régulièrement les Présidents et les comités de direction des principaux groupes bancaires français dans leur stratégie d'entreprise et de gestion des ressources humaines.

Parallèlement Directeur général du groupe FORMAT FINANCE, il est l'auteur de nombreux articles et d'études régulièrement diffusés auprès de l'ensemble des directions générales des principaux réseaux bancaires français dans les domaines de la gestion des ressources humaines et du management.

MAXIMA
LAURENT du MESNIL • ÉDITEUR

192, boulevard Saint-Germain, 75007 Paris
Tél. : 01 44 39 74 00
Internet : www.maxima.fr

ISBN : 2.84001.038.0

SOMMAIRE

Avant-propos 7

INTRODUCTION
LE MANAGEMENT D'UNE UNITÉ

I • Le concept de management 11
II • Le management stratégique et le management opérationnel 15
III • Le management opérationnel au quotidien 20

PREMIÈRE PARTIE
ORGANISATION ET GESTION DE L'UNITÉ

CHAPITRE I : DIAGNOSTIC ET OBJECTIF 33
I • L'objectif : la notion la plus essentielle du management opérationnel 33
II • Le concept d'objectif 37
III • La définition des objectifs de l'unité 47
IV • La définition des objectifs individuels 56

CHAPITRE II : ORGANISATION ET GESTION DU CHANGEMENT 63
I • L'organisation : un héritage du passé 63
II • Les conceptions de l'efficacité 67
III • Les concepts en matière d'organisation 71
IV • La gestion des changements organisationnels 76

CHAPITRE III : SUIVI ET CONTRÔLE 93
I • Le suivi opérationnel 94
II • Le contrat managérial comme finalité du suivi individuel 107
III • Le contrôle des résultats 110

DEUXIÈME PARTIE
ANIMATION ET COORDINATION DE L'UNITÉ

CHAPITRE IV : COMMUNICATION ET INFORMATION 119
I • L'information opératoire 120
II • L'information intégratrice 126
III • L'information motivationnelle 132

CHAPITRE V : FORMATION ET DÉLÉGATION 143
I • Deux notions complémentaires 143
II • Les techniques de formation en situation de travail 151
III • La délégation : une méthodologie rigoureuse 161

CHAPITRE VI : STIMULATION ET APPRÉCIATION 173
I • La technique de stimulation : clé de voûte du management relationnel 174
II • L'appréciation, au-delà du rituel 185
III • La structure de l'entretien annuel 193

CHAPITRE VII : POUVOIR, INFLUENCE ET DÉCISION 199
I • Problématique de la décision 200
II • Les zones d'influence du manager opérationnel ... 207
III • Pouvoir, espace de conquête 219

CONCLUSION
POUR UNE ÉTHIQUE DE L'ACTION

I • Le temps de l'action 229
II • Le style dans l'action 236
III • Le plan d'action managérial (P.A.M.) 246

Liste des tableaux 251

Index 253

Bibliographie 255

AVANT-PROPOS

Cet ouvrage s'adresse à tous les responsables hiérarchiques quel que soit leur niveau. L'encadrement intermédiaire y trouvera une réponse pragmatique à ses interrogations. Les dirigeants pourront y puiser une réflexion sur la culture d'entreprise qu'ils souhaitent promouvoir et sur les pratiques managériales qu'ils comptent valoriser. Il peut également concerner toute personne qui souhaite réfléchir au mode d'exercice du pouvoir dans une entreprise pour devenir une force de proposition et un acteur du changement.

L'ambition qui nous a guidé, est de réaliser une approche complète de l'ensemble des concepts, des outils, des techniques et des méthodologies requises par le management opérationnel, par l'animation et la direction au quotidien d'une unité de travail.

Il ne s'agit pas pour autant d'une somme ou d'une compilation de l'état de l'art en la matière. Nous donnons notre vision du management opérationnel et nous revendiquons notre originalité.

Notre réflexion est issue de quinze ans de pratique des entreprises et d'observation de leur fonctionnement. Elle reflète nos expériences et notre cadre de référence conceptuel et méthodologique.

Je tiens à remercier les consultants de CARDINAL CONSEIL qui ont contribué à la réalisation de cet ouvrage :

- Jacques-Yvan Cozon qui a conçu le chapitre II « *Organisation et gestion du changement* »,
- Stéphane Ferret qui a conçu le chapitre VI « *Stimulation et appréciation* »,
- Jacques Gillot-Péan qui a conçu le chapitre VII « *Pouvoir, influence et décision* »,
- Pascal Lhuillery qui a participé à la conception du chapitre I « *Diagnostic et objectif* ».

INTRODUCTION
LE MANAGEMENT D'UNE UNITÉ

I – LE CONCEPT DE MANAGEMENT

La définition classique du management se résume en trois mots : art de diriger. Mis à part le concept d'art, qui signifie que les attitudes et les comportements du manager, son savoir-être, sont aussi essentiels que sa maîtrise méthodologique et technique des outils de Direction, cette définition ne nous apprend rien. Elle se contente de substituer un mot : « diriger » à la place d'un autre : « manager ».

Une logique d'efficacité

Pour essayer de rendre intelligible le terme de management et le sortir des clichés qui l'entâchent, il convient de mener une rapide étude des différentes écoles de management et des conceptions de l'efficacité sur lesquelles il repose.

Au cours des décennies précédentes, l'accent a été mis successivement sur les aspects organisationnels et sur les aspects relationnels du management.

L'originalité de ces dernières années est de situer le management face à la finalité économique de l'entreprise : quelles sont les conditions de sa survie et de son développement ? En quoi les actions et les comportements des responsables et de l'ensemble du personnel peuvent-ils y contribuer ?

Le management n'est pas un ensemble de recettes pour faire communiquer les hommes dans l'entreprise, organiser leur travail et obtenir leur efficacité. En effet, nous cherchons à développer non pas des automatismes mais une capacité d'adaptation face à la diversité des situations et à leur évolution.

Certes, le management est un état d'esprit : ouverture, écoute, dialogue, mais aussi volonté et ténacité dans la recherche de l'efficacité collective. Ne nous berçons pas d'illusions, quelles que soient les différences entre les écoles de management, leur but reste identique et unique : l'efficacité.

Elles asseoient simplement leur logique sur des conceptions différentes de la théorie motivationnelle.

Les différentes écoles de management

Citons brièvement les trois principales approches qui ont marqué ce siècle :

- la pensée taylorienne,
- l'école des relations humaines,
- l'approche au management participatif (ou école du management).

La pensée taylorienne * repose fondamentalement sur une vision motivationnelle brutale : l'homme est rétif au travail, « il n'aime pas ça ». Il est obligé de travailler pour gagner sa vie et satisfaire ainsi ses besoins de survie et de sécurité. Il recherche, avant tout, un maximum de rétribution pour un minimum de contribution.

Cette conception conduit logiquement à l'Organisation Scientifique du Travail. Quels que soient ses états d'âme, l'homme doit être pris dans un système, dans une mécanique où il n'a pas le choix. Il devra effectuer sa tâche à l'intérieur d'une cadence. Cette tâche sera d'ailleurs le plus souvent une opération, un geste parcellaire concourant à réaliser un produit quelconque.

La rationalité organisationnelle contourne le manque d'appétit au travail, met un terme aux aspirations intimes de la personne. Si des tensions sociales émergent elles seront régulées par un supplément de rétribution ; l'apaisement s'en suivra.

L'école des relations humaines, dont les prémices reposent sur les expériences menées par Kurt Lewin ** dans l'immédiat après-guerre aux Etats-Unis, se fonde, elle, sur une autre approche motivationnelle.

La personne recherche, certes, un maximum de rétribution par rapport à son travail, mais aussi, un cadre de vie satisfaisant.

L'instinct grégaire prime ; l'homme a besoin de faire partie d'un groupe, d'un clan où il a sa place et où il est reconnu.

La communication, l'échange, les stimulations positives, la reconnaissance de ses efforts, la valorisation de ses capacités sont autant de besoins fondamentaux que toute personne doit

---

* F.W. Taylor, *Scientific management*, Harper N.Y. 1911 (1947).
** K. Lewin, *Psychologie dynamique*, PUF, 1959.

trouver dans son travail. Si elle les obtient, elle augmentera d'elle-même sa contribution aux résultats de l'unité et de l'entreprise auxquelles elle appartient.

Du primat de l'organisationnel, on passe à celui du relationnel.

L'approche au management participatif (ou école du management) ne nie en rien la pensée précédemment développée, elle la poursuit et l'enrichit. En référence aux thèses de F. Herzberg *, l'homme aspire non seulement à la satisfaction de ses besoins primaires et d'appartenance mais aussi à son propre développement.

L'expression de soi, la réalisation de soi, le développement de son potentiel sont les seules voies royales de la maximisation de son efficacité individuelle.

Dans la pensée taylorienne, l'homme travaille parce qu'il y est obligé, parce qu'il doit survivre, « il perd sa vie en la gagnant » ; dans la vision de l'école des relations humaines, il travaille par amour ou contre-dépendance vis-à-vis de son groupe, de son clan et de son chef. Dans l'approche du management participatif, il travaille parce qu'« il aime ça » ; ses activités et ses tâches sont sources d'enrichissement, d'expression et d'autoréalisation.

Il faut tout de suite sortir d'une confusion : le terme participatif ne renvoie pas à l'autogestion ou au consensus, mais vise simplement à signifier que chacun participe à la production des résultats de l'unité et de l'entreprise.

Dans une perspective marxiste il s'agirait, peut-être, de l'aliénation suprême où l'esclave en vient à aimer ses chaînes. Nous croyons plutôt qu'il s'agit de la seule possibilité de vivre le travail non plus comme une coercition mais comme un temps de vie permettant de sortir d'une fausse dialectique loisir-labeur.

Certains métiers ont, par leur nature même, une propension naturelle à développer, chez les personnes qui l'exercent, cette relation au travail. Nous pensons ici à toutes les professions artistiques ou de recherche scientifique. Pour l'immense majorité des salariés, seul un management proposant, à chacun, responsabilité et autonomie, permet à la personne d'établir cette intimité avec son emploi.

---

* F. Herzberg, B. Mausner, B. Snyderman, *The motivation to work*, Wiley N.Y. 1959.

Style ou management participatif

Une autre confusion existe entre ces deux notions qui, presque toujours, sont indifférenciées. Il nous semble essentiel de sortir de cet amalgame. Comme nous l'avons dit, **le management** est une conception complète de la direction d'une entité, renvoyant à la finalité économique de l'entreprise, visant à la maximisation des contributions individuelles et à leur orientation vers l'atteinte des objectifs de l'entreprise.

Un style de management, c'est tout autre chose. Nous définissons cette notion comme l'ensemble des attitudes et des comportements qui décrit la manière dont un responsable exerce son pouvoir sur un groupe.

Il s'agit bien de la façon de commander, d'exercer l'autorité. Dans une vision « humaniste » de son rôle, le responsable refusera de s'appuyer sur l'autorité formelle qui lui est conférée par sa position hiérarchique pour développer un leadership, c'est-à-dire une autorité informelle qui lui est reconnue par ses collaborateurs, de par ses capacités à :

- donner une orientation,
- organiser et canaliser les efforts de chacun dans cette direction,
- communiquer, faire adhérer, réguler en permanence les conflits, les tensions.

Comme nous le voyons, le style participatif se réfère directement à l'école des relations humaines bien plus qu'à la conception du management participatif. Dans cette approche, le style participatif, surtout dans sa connotation « paternaliste » ou « boy-scout », n'est en rien, pour nous, un credo.

Le style de management, proposé par l'Ecole du management participatif, est fondé sur une approche différenciée, c'est-à-dire sachant s'adapter à chaque personne et événement, jouer sur tous les registres de l'exercice du pouvoir (autorité, leadership, charisme), pour permettre à chacun d'accroître, dans un même temps, sa force de travail et son développement personnel.

II – LE MANAGEMENT STRATÉGIQUE ET LE MANAGEMENT OPÉRATIONNEL

Le terme de management prête à confusion. Sous le même vocable de manager, nous pouvons parler de directeurs généraux, de stratèges de la finance, ou de chefs d'équipe.

Un ouvrage de management, un diplôme de management, une formation au management peuvent receler des contenus fort différents. Nous ne sommes véritablement informés du contenu proposé qu'en détaillant le sommaire, le programme ou les matières enseignées.

Nous allons tenter de nous limiter à une distinction sur deux niveaux :

- le management stratégique,
- le management opérationnel.

Le management stratégique renvoie aux fonctions de direction d'entreprise, il n'est pas centré sur l'animation des hommes. Son rôle est de définir :

- les orientations de l'entreprise, ses objectifs et ses stratégies,
- le système de contrôle lui permettant de suivre et de piloter les résultats,
- la structure organisationnelle la mieux adaptée.

Le stratège est, avant tout, un visionnaire, percevant l'environnement et précisant les grands desseins de l'entreprise. Il est également un financier et un contrôleur de gestion rigoureux, sensible au moindre surcoût et à la baisse même réduite de la rentabilité. Visionnaire, mais aussi gérant de la pérennité de son entreprise, il se doit d'être terriblement réaliste.

Le management opérationnel est, lui, plus prosaïque. Le manager est avant tout un meneur d'hommes, responsable de la motivation et de l'efficacité de son unité. Il peut, certes, définir ou participer à la fixation des objectifs de son équipe mais ceux-ci s'inscrivent toujours en cohérence vis-à-vis d'un projet plus global auquel il doit adhérer ; sinon sa seule porte de sortie élégante est la démission.

Il participe aussi activement à l'organisation du travail au niveau de la définition et de la répartition des tâches, à la conception des méthodes et des procédures. Cependant, son action s'inscrit toujours dans une structure qui prédéfinit des règles auxquelles il doit se soumettre. De plus, ses marges d'autonomie, concernant les moyens dont il dispose tant humains que matériels, sont toujours plus ou moins réduites.

S'il est en charge du contrôle et du suivi des résultats de son unité, ses indicateurs restent le plus souvent opérationnels, n'intégrant que rarement une dimension financière ou économique.

Le concept d'unité

Pour poursuivre la distinction entre le management stratégique et opérationnel, nous devons maintenant éclairer le concept d'unité.

Imaginons une structure hiérarchique à quatre niveaux :

Tableau 1 : niveau hiérarchique et groupe d'appartenance.

Mono-appartenance	Direction générale
Pluri-appartenance	Directions
	Départements
	Services
Mono-appartenance	Opérateurs

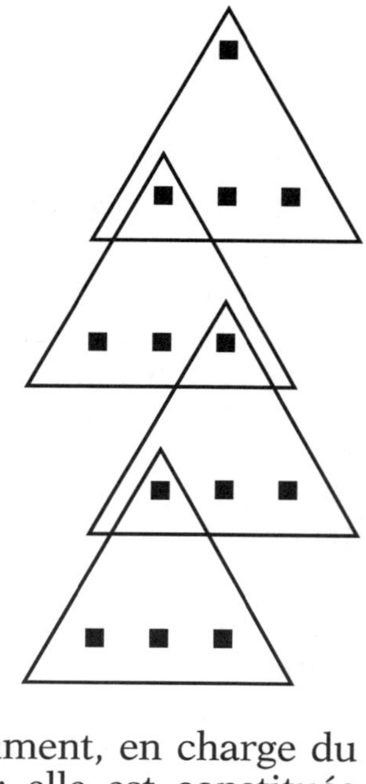

La Direction générale est, bien évidemment, en charge du management stratégique de l'entreprise ; elle est constituée d'un groupe de personnes comprenant le Directeur général, ses adjoints éventuels et les directeurs.

Le Directeur général s'appuiera en permanence sur ce groupe pour réaliser pleinement les fonctions stratégiques que nous avons définies. Néanmoins, une partie de son temps, même minime, consistera à manager chaque membre de cette équipe. En tant que tel, le Directeur Général, premier acteur du management stratégique, est aussi, pour une part, un manager opérationnel.

Les directeurs, eux, ont trois rôles principaux à assumer :

- participer, en tant que membres de la Direction générale, au management stratégique de l'entreprise ;
- concevoir, au niveau de leur propre direction, ce management stratégique dans les limites d'autonomie propres à la culture de chaque entité ;
- exercer leur rôle de manager opérationnel au niveau des responsables de leur département.

Pour les responsables de département, seules les deux dernières fonctions demeurent.

Les responsables de service, eux, sont avant tout des managers opérationnels, même s'ils participent, nous l'espérons, à la définition des orientations du département.

Les opérateurs, quant à eux, sont les seuls dans notre schéma simplifié, à n'appartenir qu'à un seul groupe, à être en situation de mono-appartenance, le Directeur général excepté.

La pluri-appartenance des responsables intermédiaires (service, département ou direction) est une caractéristique principale de tout manager opérationnel :

- en tant que membre de l'unité supérieure, il doit faire passer les objectifs, les règles, les contraintes, les volontés de sa hiérarchie. S'assurer que chacun, dans son unité, accepte et comprend les intérêts supérieurs de l'entreprise et agit en conséquence ;
- en tant que hiérarchique (responsable de service, de département ou directeur), il appartient, d'une certaine manière, à une caste dont il doit, en permanence, veiller au respect des attributions et des prérogatives ;
- en tant que membre du groupe qu'il dirige, il doit en permanence défendre, protéger les intérêts de son unité, expliquer les difficultés rencontrées, assouplir les règles de fonctionnement par trop rigoureuses, bref agir en chef de clan.

Toute la difficulté de ces positions intermédiaires est en permanence d'arbitrer, au quotidien, entre les intérêts parfois contradictoires de chacun de ces groupes d'appartenance. Le responsable doit rester dans un rôle de médiation et éviter, au risque de se perdre, de se choisir un groupe et un seul dans lequel il se reconnaît :

- s'il choisit le groupe supérieur, il devient presque toujours un petit chef coupé de sa base ;
- s'il choisit le groupe de ses pairs, il devient un « petit notable » toujours en réunion avec ses *alter ego*, étranger dans son équipe ;
- s'il choisit comme groupe d'appartenance l'équipe qu'il dirige, il n'est plus qu'un *pater familias* décrédibilisé aux yeux de sa hiérarchie.

Manager des managers ou manager des opérateurs

Il est donc simpliste, à nos yeux, de dire que le management stratégique est réservé aux fonctions de direction et que le management opérationnel est, lui, destiné aux managers d'opérateurs.

Néanmoins, la priorité du rôle de chacun demeure claire :

- management opérationnel pour qui encadre des opérateurs,
- management stratégique pour qui exerce des fonctions de direction,
- moitié-moitié pour qui manage des managers (principalement les responsables de département dans notre schéma).

L'unité, groupe de management

Le management opérationnel, qui est l'objet de cet ouvrage, s'exerce donc toujours, pour qui que ce soit, dans le cadre d'une unité clairement définie :

Tableau 2 : l'unité, groupe de management.

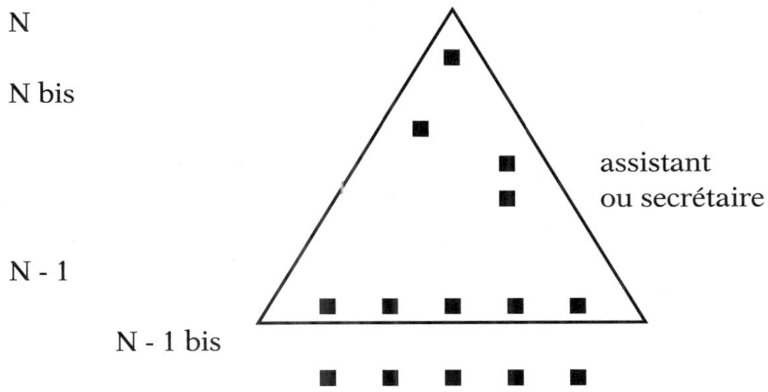

L'unité est constituée par :

- N, responsable opérationnel de l'unité, participant également au management stratégique, comme nous l'avons vu ;
- N bis, son adjoint (s'il existe) ;
- Les assistants ou secrétaires directement rattachés ;
- N-1, les collaborateurs rattachés hiérarchiquement au N, à l'exclusion de toute autre personne.

Si nous faisons apparaître les N-1bis à l'extérieur de ce schéma, c'est pour bien indiquer qu'ils ne font pas partie de l'unité dirigée par N car ils sont rattachés hiérarchiquement au « N-1 ». Ils appartiennent à l'unité dirigée par le « N-1 ».

De ce fait, il s'agit ici d'une unité où le responsable encadre des managers et non des opérateurs, sinon les « N-1 » n'auraient personne sous leur dépendance hiérarchique.

Il arrive fréquemment que les assistants ou secrétaires de Direction aient eux-mêmes de nombreuses personnes à manager, ces dernières ne font toutefois pas partie de l'unité de « N ».

Ainsi, nous pouvons définir l'unité comme :

- l'ensemble constitué par N et ses collaborateurs lui étant directement rattachés hiérarchiquement ; c'est lui seul qui les encadre, les motive et les apprécie ;
- l'ensemble des collaborateurs sur lesquels s'appuie « N » pour définir et atteindre les objectifs de l'unité. Il s'agit de ce que nous appelons son groupe de management.

III – LE MANAGEMENT OPÉRATIONNEL AU QUOTIDIEN

Pour définir et décrire le plus précisément possible le management opérationnel, nous allons tout d'abord faire apparaître les causes essentielles d'inefficacité au sein d'une unité pour, dans un deuxième temps, éclairer les principes du management opérationnel.

Les sources d'inefficacité au sein d'un groupe de travail

Nous avons constaté que toute organisation génère des risques de conflits entre les personnes et des dysfonctionnements. Lorsque ces conflits apparaissent, ils peuvent toujours être rattachés à une des trois manifestations suivantes :

- la démotivation,
- la rivalité,
- l'opposition de systèmes de valeurs.

La démotivation n'est pas, comme on le croit trop souvent, synonyme d'insuffisances de travail graves. La démotivation est avant tout, un climat, une ambiance, une manière d'être où la négativité, le cynisme, le manque de foi vis-à-vis de son responsable, de son entreprise et de l'avenir, sont légion !

La critique systématique de ses collègues, supérieurs hiérarchiques ou dirigeants est alors de règle.

La rivalité procède d'une mécanique différente. L'individu ou le clan met toute son énergie à faire opposition, à casser les efforts des « adversaires » réels ou fantasmés. En définitive, que l'on soit payé par la même entreprise n'a plus aucune importance, on parvient même à l'oublier.

Il ne faut pas confondre cette notion avec le concept de compétition qui, lui, renvoit plutôt à une émulation, à un concours entre les membres de l'entreprise, pour être le premier, c'est-à-dire celui qui apportera la plus grande contribution aux résultats de celle-ci.

L'opposition de systèmes de valeurs nécessite un plus large développement. Toute organisation sociale, toute collectivité humaine sécrètent leurs règles propres, leurs systèmes d'évaluation et de jugement. Ce qui permet à l'observateur de différencier une société d'une autre, ce n'est pas seulement sa performance économique, ce sont aussi les idéaux qu'elle s'est fixée et qui donnent sens à ses actions et à ses réalisations.

Ces idéaux hiérarchisés, dont l'agencement et la nature peuvent varier d'une organisation sociale à l'autre, constituent le système de valeurs.

Si la notion de systèmes de valeurs représente ce qui donne un sens à l'action collective d'une société ou d'une ethnie, le concept peut être transposé au fonctionnement d'une entreprise. En effet, on ne se représente pas et on ne vit pas ses conditions de travail de manière identique si l'on est cheminot à la S.N.C.F. ou tréfileur dans une entreprise métallurgique. Le système de valeurs de l'entreprise à laquelle on appartient donne un sens particulier à la manière dont on vit et dont on se représente son travail.

Initialement, le système de valeurs d'une entreprise était composé des valeurs dominantes du fondateur ou du dirigeant le plus marquant par ses qualités, ses défauts ou son charisme. Aujourd'hui, les sciences sociales identifient des systèmes de valeurs particuliers à chaque entreprise et parlent d'une culture d'entreprise, qui se reproduit indépendamment des dirigeants actuels.

L'entreprise ne crée pas que de la richesse, elle se dote d'un système de valeurs qui lui est propre, codifiant les relations humaines, secrétant des idéaux et des interdits donnant sens à l'action collective et individuelle. Le sociologue R. Sainsaulieu * définit une culture d'entreprise comme un système articulé de représentations, c'est-à-dire le minimum idéologique partagé par tous.

Il est donc nécessaire qu'un accord existe sur quelques valeurs clés dans l'entreprise, formant ainsi une sorte de consensus et de cohésion autour des politiques et des plans définis par les dirigeants.

Il convient de noter que ces trois manifestations conflictuelles sont latentes dans toute collectivité. Comment expliquer que, dans certaines unités, elles sont dépassées, régulées, sources de différences générant créativité et dynamisme

* R. Sainsaulieu, *L'identité au travail*, éditions FNSP, 1976.

alors que, dans d'autres, elles conduisent aux guerres, aux querelles, à l'entropie et à l'inefficacité ?

La cause de ces tensions doit être recherchée au cœur même du fonctionnement de l'unité en question. Les unités, qui connaissent ces types de manifestations conflictuelles, présentent toujours au moins l'un des dysfonctionnements suivants :

- dysfonctionnements concernant la fonction prévision,
- dysfonctionnements concernant la fonction organisation,
- dysfonctionnements concernant la fonction de coordination,
- dysfonctionnements concernant la fonction de contrôle.

Dysfonctionnements concernant la fonction prévision

Absence de diagnostic portant sur les réalisations de l'unité, son fonctionnement interne et la maturité professionnelle des collaborateurs qui la composent

Le premier rôle d'un responsable est de rester en état de vigilance, de faire la chasse aux non-qualités, qu'elles se situent dans un contexte externe (non-satisfaction des clients) ou dans un contexte interne (errements de fonctionnement et incompétences des collaborateurs). Cette attention permet de garantir la pérennité de l'unité, son ambition, sa fierté.

Sans elle, l'unité sombre dans une triste routine, dans la répétition des mêmes recettes et procédés éculés. Démotivations, remise en cause de l'autorité et de la compétence du responsable, guerre entre les « anciens » et les « modernes » sont le juste lot de cette carence.

Absence d'objectifs clairs, pertinents et acceptés

Sans vouloir déflorer le concept d'objectif, qui sera largement développé dans le premier chapitre de cet ouvrage, nous voulons insister sur l'importance des trois qualificatifs :

- *la clarté :* un objectif vague dans sa formulation et/ou sa nature correspond à un but inatteignable (être plus rentable ou plus efficace), à un vœu pieux ;

- *la pertinence :* pourquoi cet objectif plutôt qu'un autre ? Pourquoi cette quantification et pas une autre ? Sur quels éléments incontournables de diagnostic et/ou analyse d'un dysfonctionnement repose-t-il ?
- *l'adhésion :* s'il laisse indifférent, l'objectif a raté sa cible. Il est tout au plus celui du chef ou du patron, en aucun cas, un *challenge* intimement vécu que l'on se donne à soi-même.

Un objectif, ni clair, ni pertinent, ni accepté, n'est rien : il n'existe pas. Cette situation entraîne, en fonction de la sensibilité de chaque collaborateur, soit une désaffection, soit des rivalités (quand on ne sait pas où on va, autant être le premier), soit la création pure et simple d'objectifs parasites, chacun se donnant une direction propre pour combler un vide.

Absence d'indicateurs de mesure des performances individuelles et collectives

Qu'est-ce que bien ou mal travailler ? Est-on capable de savoir, tous les soirs, en sortant de son bureau, si on a bien ou mal travaillé sans même l'ombre d'une remarque de son responsable ? Sur quels points indiscutables est-on évalué ?

L'absence d'indicateurs de mesure des performances n'est pas encore le pire ; l'incohérence et l'infaisabilité sont plus encore déroutantes. Il faut faire « vite » et « bien ». La rapidité laissera toujours des zones de non-qualité et la qualité totale aura un prix : le temps passé.

Un autre exemple pourrait être : le développement maximum avec la rentabilité maximum et, bien entendu, la sécurité maximum. Dans ce système de double ou de triple contrainte quoi que l'on fasse « on a tort », alors « ne faisons plus rien ».

Dysfonctionnements concernant la fonction organisation

Mauvaise définition des tâches

Qu'a-t-on exactement à faire ? Quel est notre rôle et sur quelle hiérarchisation de nos activités et de nos tâches pouvons-nous arbitrer nos priorités ?

L'hésitation, quant à la raison d'être de son poste de travail et aux actions à mettre en œuvre pour la réaliser, conduit là encore à des comportements différents : oisiveté, rivalités à propos de zones floues ou de chevauchement avec les tâches d'autres membres de l'équipe, vision très personnelle de son rôle, de sa fonction dans l'unité de travail, dont la sanction est presque toujours la non réalisation de certaines activités parfois essentielles.

Mauvaise répartition des tâches

Elle conduit à des déséquilibres patents au niveau de la charge de travail des collaborateurs ayant même statut et emploi.

Tout responsable a une tendance naturelle à proposer des activités et missions nouvelles au collaborateur en qui il a le plus confiance, ce faisant, il s'ôte un souci de l'esprit, étant sûr de la qualité de la réalisation des tâches confiées.

Dans un premier temps, le collaborateur est complice, il ressent cela comme un signe de confiance, une valorisation de sa fonction. Ainsi le manager créera une équipe à deux vitesses et ne s'occupera que des collaborateurs les plus compétents.

Beau résultat qui conduira inévitablement aux conflits que nous avons décrits.

Méthodes et procédures de travail lourdes, routinières, hyper-hiérarchisées

Nous sommes là dans un monde poussiéreux où le vent de la modernité n'a pas soufflé. Il faut dix signatures pour une dépense d'un KF, cinq contrôles pour une micro-décision, copie à cinquante interlocuteurs pour une note de service de troisième importance.

Le monde a changé, les clients ont changé, les produits et services ont changé, les méthodes et les procédures sont restées immobiles et même, parfois, se sont enrichies à loisir, se sont raffinées au gré d'une complexification technique ou réglementaire.

Dans ce fonctionnement bureaucratique, l'initiative individuelle, l'enthousiasme et la réactivité n'ont pas de place. L'ennui ou l'opposition semblent être les seuls modes de réaction.

Dysfonctionnements concernant la fonction de coordination

Absence de valorisation des efforts et des résultats obtenus

Pourquoi bien travailler ? Que l'on « s'investisse » ou que l'on « se démobilise » cela ne change rien, en terme de valorisation, de reconnaissance exprimée, de délégation, de rémunération ou de promotion.

Aucune sanction individuelle, positive ou négative, relationnelle ou « monétaire », ne vient répondre aux efforts, aux performances ou aux insuffisances. Les « à quoi bon ! », « pour qui, pour quoi ? » viennent sanctionner cette absence de sanction.

Dans ce fonctionnement de l'indifférenciation et de l'égalitarisme laxiste, les meilleurs éléments cherchent une porte de sortie, les autres s'endorment et fuient dans la routine.

Il s'agit, avant tout, de ne pas faire de vagues, de ne pas se faire remarquer, de rester dans l'anonymat et la médiocrité.

Absence d'information concertée

Interrogez les responsables de toutes les entreprises, ils vous diront tous la même chose : « *nous passons notre temps à informer.* »

Interrogez les collaborateurs de ces mêmes entreprises, et ils vous serviront tous la même litanie : « *nous ne sommes pas informés.* »

Qui ment ? Personne, bien entendu, simplement ils ne parlent pas de la même chose.

Les responsables transmettent l'information, la diffusent, la descendent par voie écrite ou orale, en général sans grande rétention.

« Conserver l'information pour conserver le pouvoir » n'est plus vraiment un mécanisme de défense fréquent sauf chez quelques dinosaures rescapés de l'ère de la glaciation.

Le vrai problème porte non pas sur l'émission de l'information mais sur sa réception.

Très souvent les collaborateurs, lorsqu'ils disent : « *nous ne sommes pas informés* », expriment tout autre chose : « *nous ne sommes pas écoutés.* »

L'information, pour être intériorisée et non introjectée, a besoin d'être discutée, débattue, « mastiquée » pour être partagée.

Une information claire n'est pas celle qui est bien transmise, précise et exhaustive, mais celle qui est bien reçue, qui est intégrée.

Absence de participation aux décisions

Nous sommes là dans le monde du « descendant ».

Nous pouvons effectuer des activités depuis des années et pourtant, lorsque des choix stratégiques ou organisationnels sont pris à propos de ces mêmes activités, aucune consultation n'est prévue. Les décisions tombent, avec le « bon pour exécution ».

La tête et les jambes, telle est la répartition générale et le rôle de chacun. Comment développer une réelle adhésion à son entreprise et à son unité, se sentir concerné par ses résultats et par ses performances, être un partenaire à part entière dans de telles conditions ?

Participer aux décisions ne veut pas dire uniquement co-décider. Il est normal que la ligne hiérarchique ait à arbitrer et à trancher dans de nombreux cas, à prendre des risques, y compris celui d'être impopulaire ; l'important est la consultation et la concertation afin de prendre les avis et opinions, d'associer à la réflexion pour favoriser l'adhésion.

L'efficacité d'une décision tient à sa pertinence intrinsèque, mais aussi à sa mise en œuvre. Dans le monde du « descendant », la décision n'est pas partagée donc, bien souvent, pas appliquée.

Absence de relation efficace avec la hiérarchie

Qu'attend-on, en premier lieu, de son responsable direct ?

La réponse à cette question est facile au regard de ses expériences professionnelles passées. Un responsable, qui ne nous a rien appris, qui ne nous a transféré aucun savoir, savoir-faire ou savoir-être, quelles qu'aient été ses qualités humaines par ailleurs, n'a pas droit à notre estime.

La formation sur le terrain, au quotidien, par la réalisation conjointe, par la transmission de l'expérience, est la base d'une relation de confiance et d'une reconnaissance mutuelle entre un responsable et son collaborateur.

Il ne s'agit pas, ici, de dire qu'un responsable doit tout savoir, tout maîtriser techniquement pour élever ses « poulains », mais qu'il doit transmettre un « plus » spécifique sur un domaine technique ou relationnel à chacun de ses collaborateurs directs. Il s'agit là de la principale source de légitimité du pouvoir hiérarchique.

La deuxième face de cette relation formatrice est constituée par les entretiens de bilan où l'on peut faire le point sur ses doutes, sur son évolution, sur ses perspectives professionnelles, sur ses projets, où l'on ne reste pas enfermé sur la résolution d'un problème technique spécifique ou sur une procédure technocratique d'appréciation et de notation.

Sans cette formation et ces entretiens, la relation hiérarchique n'a pas d'âme ni d'efficacité réelle.

Dysfonctionnements concernant la fonction de contrôle

Absence de suivi des résultats de l'unité

Qu'avons-nous réalisé ensemble ? Sur quels indicateurs quantitatifs pouvons-nous apprécier nos réussites et nos échecs ? Comment objectiver notre sensation d'efficacité ou d'inefficacité ? Qu'avons-nous à améliorer, à développer pour assurer notre pérennité et notre rentabilité ?

Ces questions trouvent, bien souvent, peu de réponses dans les unités administratives.

Dans le domaine de la production ou du commercial, des données, plus ou moins fines, sont plus fréquemment disponibles.

Quoi qu'il en soit, sans un travail systématique de mobilisation des collaborateurs autour des réalisations de l'unité, d'analyse des écarts à l'aide de tableaux de bord, une vie sans *challenge* s'organise avec son lot de démotivation, de rivalités intestines, d'avis péremptoires sur ce qu'il conviendrait de faire...

Absence de suivi des performances individuelles

Le suivi n'est pas un contrôle *a posteriori*, il s'agit d'anticiper, d'agir en amont, de stimuler et non de juger.

Au-delà d'un simple « relevé global des compteurs », le responsable doit suivre pas à pas les réalisations, les décisions et les résultats obtenus par chacun de ses collaborateurs.

Le contrôle n'est pas, non plus, une simple vérification de l'exécution des tâches réparties, il doit s'appuyer sur des objectifs individuels, des « micro-contrats » et des délégations.

L'absence de suivi individuel provoque des comportements très différents : de l'assoupissement à la suractivité, de la créativité au conformisme.

Le management opérationnel : dix principes essentiels

A l'issue de cette liste de dysfonctionnements, un premier constat s'impose ; bien plus que la satanisation des responsables, c'est l'absence de management qui est en cause.

Mal manager, c'est, avant tout, ne pas manager.

Il n'y a pas de bon management, il n'y en a que de plus ou moins ratés. Le pire de tous est celui qui n'existe pas !

Un management au quotidien sachant rassembler autour d'objectifs pertinents et acceptés, s'appuyant sur une organisation claire, souple et légère, favorisant le partage d'informations, d'expériences et de responsabilités, reste le facteur clé de régulation des conflits.

Ainsi, le management opérationnel, pour développer l'implication individuelle et renforcer la cohésion d'équipe afin d'accroître les performances de l'unité, sur 10 principes essentiels :

1 – Mener des diagnostics portant sur les réalisations de l'unité, son fonctionnement interne et la maturité professionnelle des collaborateurs.
2 – Définir des objectifs et des indicateurs de mesure de la performance, clairs, pertinents et acceptés.
3 – Définir et hiérarchiser les tâches devant être réalisées par chaque collaborateur.
4 – Répartir les tâches de manière équilibrée et adaptée tant sur le plan qualitatif que quantitatif.
5 – Mettre en place des méthodes et des procédures de travail souples, légères et permettant de larges délégations.

6 – Suivre et contrôler les résultats obtenus tant sur le plan individuel que collectif.
7 – Informer régulièrement et de manière interactive.
8 – Former ses collaborateurs « sur le tas », pour transmettre son savoir, son savoir-faire et son savoir-être et mener des entretiens de bilan réguliers.
9 – Apprécier et valoriser les résultats obtenus par chaque collaborateur.
10 – Faire participer les personnes concernées aux prises de décision (consultation, concertation, co-décision).

Un responsable ne parvient jamais à éradiquer tous les dysfonctionnements que nous avons cités. Il sera plus ou moins habile, plus ou moins maître des méthodes et des techniques de management ; mais s'il tente, tous les jours, de trouver une réponse à ces maux, il occupera pleinement sa fonction.

Le tableau ci-dessous, regroupant les dix points essentiels du management opérationnel, est la trame de notre ouvrage. Son objet est d'indiquer, de manière pragmatique, l'ensemble des principes, méthodes, techniques et outils à mettre en œuvre.

Tableau 3 : les 10 points essentiels du management opérationnel.

Chapitre 1	1 – Diagnostic de l'unité 2 – Objectifs et indicateurs
Chapitre 2	3 – Définition et hiérarchisation des tâches 4 – Répartition des tâches 5 – Méthodes et procédures de travail
Chapitre 3	6 – Suivi et contrôle des résultats
Chapitre 4	7 – Information
Chapitre 5	8 – Formation
Chapitre 6	9 – Appréciation
Chapitre 7	10 – Participation aux prises de décision

Chaque chapitre porte sur un ou plusieurs de ces points. Ainsi, nous répondrons à la question « **Qu'est-ce que manager une unité au quotidien ?** »

PREMIÈRE PARTIE
ORGANISATION ET GESTION DE L'UNITÉ

1.

DIAGNOSTIC ET OBJECTIF *

Les ouvrages relatifs au management abordent la question des objectifs d'une unité ou d'un individu avec des définitions souvent différentes. Nous allons donc préciser ce que nous entendons par objectif dans la problématique du management opérationnel, puis nous proposerons un mode de définition des objectifs collectifs et individuels.

I – L'OBJECTIF : LA NOTION LA PLUS ESSENTIELLE DU MANAGEMENT OPERATIONNEL

Les objectifs donnent un sens aux efforts collectifs et individuels, ils correspondent à un besoin du corps social des entreprises.

Ils permettent la réappropriation d'un pouvoir par la hiérarchie intermédiaire et la mobilisation des motivations de chacun. De plus, la distinction entre objectifs collectifs et individuels permet de sortir d'un faux débat : manager par les objectifs ou par les tâches.

La réappropriation d'un pouvoir par la hiérarchie intermédiaire

Définir des objectifs pour chaque unité commerciale ou administrative n'est pas une pratique généralisée dans les

---

* Pascal Lhuillery, consultant de CARDINAL CONSEIL, a contribué à la conception de ce chapitre.

entreprises. Certaines directions incitent leur encadrement à le faire, d'autres le dissuadent ou bien le laissent agir comme bon lui semble.

Les pratiques en la matière sont variables et renvoient aux valeurs fondamentales promues par la direction et les us et coutumes de l'entreprise.

Nous sommes ici dans le registre des normes et des représentations collectives de l'exercice du pouvoir. En un mot, définir ou ne pas définir des objectifs pour chaque unité relève de la culture de l'entreprise, c'est-à-dire des règles explicites et implicites qui constituent la conception du management dans l'organisation.

Lorsqu'une direction d'entreprise incite son encadrement à définir des objectifs par unité, elle délègue et fait déléguer un pouvoir à chaque niveau de responsable intermédiaire. *A contrario*, ne pas le faire réduit considérablement le rôle du responsable qui, de fait, est cantonné à une position de courroie de transmission.

Diriger par les objectifs ou par les tâches

Diriger par les tâches consiste à donner un travail préalablement défini et analysé à un opérateur, puis à contrôler sa réalisation. Si les tâches sont incorrectement réalisées, les corrections techniques nécessaires sont apportées.

Nous pouvons aussi observer un mode de direction des hommes par les activités. Précisons qu'une activité peut se définir comme une réalisation, confiée à une unité, qui requiert l'exécution d'un ensemble de tâches. Si un responsable confie à un opérateur la réalisation d'une activité, il apprécie, de fait, sa capacité à réaliser plusieurs tâches, dans l'ordre et de la manière qui lui semble être la bonne. Il reconnaît une polyvalence des compétences de la personne et lui attribue une certaine autonomie.

Ainsi, il n'y a pas une double mais une triple distinction à établir :

- diriger par les tâches,
- diriger par les activités,
- diriger par les objectifs.

Notons, néanmoins, dès à présent, que cette différenciation, hormis les cas d'école, ne résiste pas à l'épreuve des faits.

Le one best way *de Taylor ou le management par les tâches poussé à l'extrême*

Le *one best way* de Taylor est applicable pour l'exécution de tâches qui ne requièrent aucune initiative ni choix de la part des opérateurs. Ceci conduit les hommes à la répétition de gestes et de comportements automatiques. Dans le monde de la production en série et de masse (du machinisme), un travail d'opérateur (d'ouvrier) ne sollicite que rarement le libre arbitre de l'exécutant.

L'intégralité des entreprises industrielles a utilisé ce mode de production qui correspondait à une conception de l'efficacité, aujourd'hui dépassée.

Le « machinisme » a laissé la place à l'« automatisation », le secteur secondaire au tertiaire, l'ouvrier au technicien.

Les emplois demandant une faible qualification disparaissent progressivement tant dans l'industrie que dans le tertiaire marchand.

Les emplois nouveaux au contraire demandent aux collaborateurs de prendre des initiatives et d'opérer des choix, tant dans les techniques de production que dans les applications de gestion.

Avec la mise en œuvre de technologies de plus en plus complexes, l'opérateur doit maîtriser un ensemble de savoir-faire plus approfondis ou développer des compétences relationnelles nouvelles. Bien souvent, son responsable direct n'est plus en mesure de maîtriser l'ensemble des tâches techniques qu'il réalise.

De ce fait, comment diriger par la tâche dès lors que celle-ci, à elle seule, ne définit plus le contenu d'un emploi ?

La direction par les tâches est morte de la main même qui l'avait engendrée, à savoir l'évolution technologique. Certes, des poches de résistance perdurent par archaïsme technique ou managérial, mais cela est négligeable.

Diriger par les activités

Nous avons défini une activité comme une réalisation, confiée à une unité, nécessitant l'exécution de **plusieurs** tâches. Cette pluralité est essentielle, elle induit trois éléments clés de différenciation avec le management par la tâche :

- ***La polyvalence*** : plusieurs tâches différentes sont réalisées par la même personne ; la variété du travail, la diversité des compétences sauvegardent la motivation et l'adaptabilité.
- ***Le produit fini*** : il s'agit non pas d'un geste à exécuter, non pas d'une opération ni même d'une tâche, mais d'une série d'actions concourant à une réalisation clairement identifiée, dont éventuellement on pourra être fier.
- ***L'initiative*** : certes, des méthodes pourront définir la manière de réaliser chaque tâche, une procédure clarifiera l'ordre et l'agencement des différentes tâches entre elles ; néanmoins, le contrôle ne portera pas, du moins dans un premier temps, sur la bonne exécution de chaque tâche mais sur la réalisation finale, sur « l'objet-produit ».

Diriger par les activités requiert une plus ample responsabilisation des collaborateurs qui vont s'approprier une activité afin de la réaliser. Cette appropriation est une des conditions nécessaires de la motivation et de la performance.

Diriger par les objectifs

L'étape supplémentaire, à ce niveau de management, consiste à formuler le résultat attendu en quantité, qualité, coût et délai et non simplement la réalisation affectée par jour, semaine ou mois.

Dans le management par objectif, trois éléments sont prioritaires :

- ***La finalité économique de l'entreprise*** : seul compte le résultat et non les moyens pour y parvenir.

- ***La contribution*** : chaque personne ou unité produit un résultat contribuant aux performances de l'ensemble.
- ***L'autonomie et la responsabilité*** : la liberté de réalisation trouve la contrepartie dans le système de sanction du résultat. Si un objectif est atteint ou dépassé, une rétribution quelconque, matérielle ou psychologique sera au rendez-vous ; à l'inverse et moyennant une analyse des écarts, une stimulation négative sanctionnera le manque de résultat.

La direction par les objectifs est une évidence managériale dès que l'on raisonne au niveau collectif, de l'entreprise ou de l'unité.

Sur le plan individuel, les distinctions entre management par les objectifs, par les activités ou par les tâches s'estompent.

En effet, un objectif individuel peut être de différente nature. Comme nous le verrons, il peut s'exprimer en résultat attendu, en réalisation à une échéance donnée et, dans certains cas, en quantité de tâches effectuées.

Si nous raisonnons en termes stratégique et d'entreprise, la direction par les tâches est un archaïsme. Dans le domaine opérationnel, dans l'animation d'une unité de base, un responsable d'équipe, face à un collaborateur peu motivé et peu compétent, doit, tout au moins dans une première étape, formuler des objectifs individuels exprimés en quantité de tâches à accomplir dans un temps donné.

Ainsi, le management opérationnel par objectif individuel « récupère » le management par l'activité et par la tâche sans état d'âme ni culpabilité.

II – LE CONCEPT D'OBJECTIF

Définition

Un objectif peut se définir comme :

Un résultat mesurable attendu à une échéance précise grâce à la mise en œuvre d'actions appropriées.

Caractéristiques

Cette notion est indissociable de celles de :

- ***Avenir :*** un objectif repose sur une analyse prévisionnelle et prospective (des opportunités et des menaces de l'environnement) et est toujours associé à l'idée d'échéance.
- ***Diagnostic :*** le repérage des points forts et des dysfonctionnements de la situation actuelle constitue le point de départ de la définition des objectifs.
- ***Action :*** l'action constitue le fait générateur de changement et permettra le passage entre la situation actuelle et l'atteinte de l'objectif. L'objectif guide l'action d'autant mieux qu'il est identifié et accessible ; sans l'action, l'objectif reste à l'état de velléité.
  L'élaboration d'un plan d'action constitue l'acte immédiat qui suit la définition d'un objectif.
- ***Résultat :*** agir pour modifier la réalité implique la recherche d'un résultat réel qui apparaît en comparant la situation nouvelle (résultat de l'action) avec la situation ancienne (point de départ de l'action).
- ***Indicateur et contrôle :*** un résultat doit être contrôlable en termes quantitatif, qualitatif, de délai et de coût. Les indicateurs de mesure de l'atteinte des objectifs sont définis avant la mise en œuvre du plan d'action.
- ***Moyen :*** définir un objectif et des actions pour l'atteindre suppose une analyse des moyens disponibles et une modification éventuelle de ceux-ci.
- ***Motivation :*** l'objectif doit être l'élément clé du dynamisme de l'unité. Il mobilise les énergies de chacun pour sa réalisation. Ainsi, il suppose l'adhésion des acteurs concernés.

L'objectif guide l'action des collaborateurs de l'entreprise et de l'unité. C'est le résultat à atteindre grâce à la combinaison de moyens matériels, financiers et humains en une période déterminée. A l'issue de l'échéance, il sert de référence au contrôle.

La formulation de l'objectif

L'objectif exprime toujours :

- soit la résolution d'un dysfonctionnement,
- soit la prise en compte d'opportunités ou de menaces liées à l'environnement.

L'analyse prospective et le diagnostic préalables permettent de définir en quoi la situation actuelle est insatisfaisante ; par exemple :

- non-diversification de l'offre face à un marché en régression,
- faible progression des ventes (5 %) face à un marché en développement (10 %),
- retard (20 %) dans la réalisation du plan de charge informatique.

Il convient, alors, de préciser la situation future satisfaisante recherchée, puis de déterminer qualitativement le chemin à parcourir.

Tableau 4 : la formulation de l'objectif.

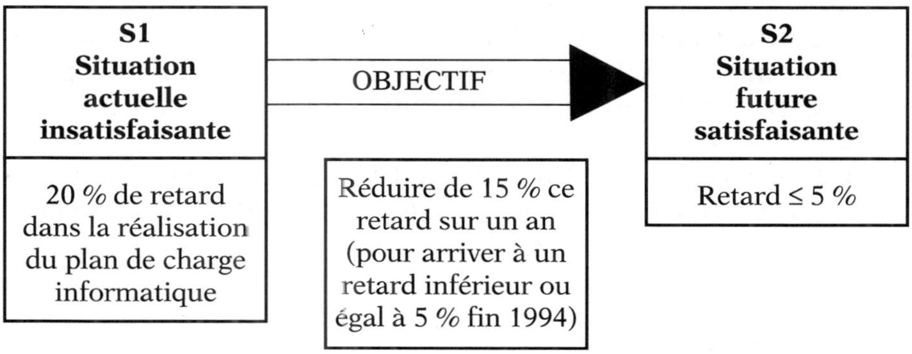

La situation actuelle (S1) est insatisfaisante. L'unité connaît des difficultés dont l'origine peut être aussi bien interne qu'externe. Après une étude, le responsable projette la situation future satisfaisante (S2) vers laquelle il est souhaitable de tendre, dans les meilleurs délais. Il définit, pour se faire, un objectif qui guide l'action collective et individuelle des collaborateurs de l'unité. La formulation de l'objectif a pour vocation d'assurer le passage de S1 vers S2.

Les objectifs précisent les résultats attendus dont les critères d'évaluation, tant sur les plans quantitatif que qualitatif, sont précisés par les indicateurs.

L'objectif est toujours formulé avec :

- un verbe : augmenter ou réduire (sont les plus fréquents)
- une mesure (quantifiable ou évaluable)
- une échéance de réalisation

et exprime un mouvement, un passage d'une situation insatisfaisante à une situation satisfaisante, une amélioration.

Exemples pour un établissement financier

- augmenter de 5 % la collecte des dépôts gérés (pour passer d'une progression de 5 à 10 % à la fin de l'exercice),
- réduire de 0,3 le taux de contentieux (pour passer de 4,6 à 4,3 à la fin de l'année 94),
- accroître de 50 % le temps de prospection des attachés commerciaux (pour passer de 1 à 2 entretiens de prospection par jour et par attaché commercial d'ici 3 mois).

Cette formulation peut s'entendre pour tout secteur d'activité, que ce soient la banque, le tertiaire marchand en général, l'industrie ou bien le secteur social ;

Autres exemples

- augmenter la production actuelle de 0,2 autobus par jour d'ici à un an,
- ramener le taux de chômage de la classe d'âge des 25-45 ans à 7 % de la population active du département d'ici à un an.

La formulation de l'objectif doit être précise et univoque.

Elle doit éviter les pièges de l'intention et de la polysémie. Nous entendons par polysémie, un objectif englobant plusieurs priorités mal formulées en des termes abscons. L'intention donne un objectif vague, non mesurable et incontrôlable, c'est l'effet « vœux pieux ».

Deux questions essentielles doivent être résolues dans cette approche de la formulation de l'objectif :

- Combien d'objectifs doit-on formuler ?
- A quel niveau d'exigence faut-il situer l'objectif ?

Afin d'éviter un risque de dispersion ou de confusion chez les collaborateurs, il est souhaitable de ne pas définir plus de trois objectifs prioritaires pour une unité.

En effet, au-delà de trois objectifs, la notion de priorité risque de disparaître ; de même les actions à mettre en œuvre pour les atteindre, peuvent se chevaucher ou être inconciliables.

10 objectifs = 0 objectif, l'arithmétique managériale est surprenante mais néanmoins toujours vérifiée.

Les objectifs doivent être suffisamment élevés pour représenter un challenge pour les membres de l'unité, pour que ceux-ci soient amenés à faire preuve d'initiative, à mettre en œuvre des actions et des tactiques venant d'eux-mêmes, pour qu'ils vivent un vrai plaisir à atteindre le résultat souhaité.

Néanmoins, l'objectif doit demeurer réalisable sous peine d'entraîner l'anticipation d'un échec certain. Un objectif impossible ne motive pas, très vite il n'existe même plus comme référence.

Le niveau de l'objectif est difficile à définir, il marque une ambition, une volonté, un effort crédible.

Aussi, sa détermination suppose une démarche participative à la faveur de laquelle le responsable et ses collaborateurs confrontent leur position respective et négocient une quantification réaliste et acceptée.

C'est parce qu'il sous-entend cette négociation que l'objectif est la notion la plus essentielle du management opérationnel. L'objectif est un résultat à atteindre, il guide l'action de ceux qui ont la charge de sa réalisation.

Les différentes catégories d'objectifs

Notre étude porte tant sur le plan collectif (les objectifs de l'unité) qu'individuel (les objectifs spécifiques de chaque collaborateur). Nous excluons, par contre, de notre réflexion, la direction de l'entreprise (la réflexion stratégique : le projet à moyen terme, le plan pluriannuel, le plan de développement).

Au niveau de l'unité, nous identifions deux grandes catégories d'objectif :

– ***L'objectif d'activité*** porte directement sur la production de l'unité, sur une contribution directe aux résultats de l'entreprise.

Il s'exprime toujours en termes de quantité, qualité, coût, délai. Par exemple :

- pour une unité commerciale : accroître de 10 % la vente des produits (x, y, z) dans l'année,
- pour un service crédits d'une banque : réduire d'une semaine le temps de réponse sur les dossiers de crédits professionnels, d'ici 3 mois.

– ***L'objectif de fonctionnement*** (d'amélioration du fonctionnement de l'unité) porte sur l'organisation interne de l'unité, sur les conditions de production. Très souvent l'atteinte d'un objectif d'activité est conditionnée par la résolution d'un problème de fonctionnement.
Par exemple, on ne pourra accroître de 10 % la vente des produits si les commerciaux continuent à passer 50 % de leur temps à faire de « l'administratif ». L'objectif de fonctionnement, à savoir que les commerciaux passent 80 % de leur temps en entretien avec des clients ou des prospects, conditionne ainsi l'objectif d'activité.
La fixation d'objectif de fonctionnement n'est pas systématiquement nécessaire à la différence des objectifs d'activité.
La pertinence de cette catégorie d'objectifs suppose qu'un problème d'organisation nuise à l'efficacité de toutes les personnes assumant le même poste dans

l'unité. (Nous reviendrons sur ce point lorsque nous traiterons le diagnostic interne). Il est possible de donner comme exemples :

- systématiser deux rendez-vous de suivi à l'issue d'une mission de contrôle, le premier, trois mois après la présentation du rapport, le second, six mois après (pour un service audit qui souhaite renforcer la mise en œuvre de ses préconisations),
- réduire la durée de correction des erreurs de 50 % (en instaurant un double contrôle sur telle opération),
- réduire le temps de réalisation d'une tâche quelconque de 20 % (en déléguant un pouvoir de décision).

Au niveau individuel, nous identifions trois grandes catégories d'objectifs :

– ***L'objectif de production*** : porte sur les résultats attendus du collaborateur, sur sa contribution directe aux résultats de l'unité. Il s'exprime toujours en termes de quantité, qualité, coût, délai.
Exemple pour un vendeur : réaliser 1 million de francs de chiffre d'affaires par mois.

– ***L'objectif opérationnel*** : porte sur les activités et les tâches réalisées. Il s'exprime en nombre d'opérations à effectuer et représente l'effort demandé au collaborateur. Pour le même exemple d'un vendeur : réaliser 5 entretiens par jour, dont 3 de fidélisation et 2 de prospection.

– ***L'objectif de progrès :*** porte sur les compétences et s'exprime en termes de savoir, savoir-faire, savoir-être.
Il constitue les axes de progression d'un collaborateur pour une meilleure maîtrise de son emploi.
Par exemple : améliorer ses capacités de négociation et de concrétisation en prospection (passer d'un taux de concrétisation de 1 pour 5 à 3 pour 5).

Il est souvent délicat de mesurer l'atteinte d'un objectif de progrès, qui est le seul à ne pas avoir obligatoirement une forme quantitative.

Il convient de pallier le risque de subjectivité dans l'appréciation de son atteinte par :

- une formulation très précise de l'objectif de progrès : avoir réalisé telle tâche ou activité, à telle échéance, à telles conditions (qualité, coût, délai) ;
- une définition exhaustive des actions à mettre en œuvre tant de la part du collaborateur que de celle du responsable.

Ces trois catégories d'objectif individuel permettent au responsable de faire face à toutes les situations. En effet, il peut être difficile pour des emplois à dominante administrative de définir des objectifs individuels de production. Par contre, les objectifs opérationnels et, en tous cas, de progrès sont d'une portée « universelle » ; ils peuvent être définis quel que soit l'emploi tenu.

La règle des 3 objectifs maximum, sur le plan collectif, reste valable au plan individuel. En revanche, il ne s'agit pas de s'échiner à trouver un objectif de chaque catégorie pour chaque collaborateur. La valeur des objectifs individuels, définis avec chacun, dépend de l'emploi mais surtout du niveau de maturité professionnelle. Nous développerons cet aspect ultérieurement.

Les indicateurs de mesure de l'objectif

L'indicateur est aux objectifs de l'unité ce que la sève est à l'arbre, il lui est consubstanciel.

Trois étapes constituent la démarche de définition des objectifs collectifs :

- l'analyse et le diagnostic qui conduisent à la formulation de l'objectif,
- l'élaboration du Plan d'Action,
- la détermination des indicateurs.

Nous développerons le mécanisme du Plan d'Action plus tard, car il doit être, avant tout, un outil de suivi et de pilotage des objectifs. Néanmoins, sa construction se situe nécessairement en amont des indicateurs.

Un indicateur est une information quantitative portant sur la mesure d'une production, d'une réalisation ou bien reflétant l'état de fonctionnement d'une unité.

Il existe deux types d'indicateurs :

- ***Les indicateurs de résultat*** : ce sont des données quantitatives permettant de mesurer une progression vers l'atteinte d'un objectif.
- ***Les indicateurs de réalisation*** : ce sont des données mesurables permettant d'obtenir une information sur la réalisation des actions mises en œuvre concrètement afin d'atteindre un objectif (cf. Plan d'Action).

On peut classer ces indicateurs en quatre catégories :

- ***Quantité :*** le nombre de pièces fraisées, le nombre de comptes ouverts, les quantités consommées, le nombre de lettres, d'appels téléphoniques, etc.
- ***Qualité :*** le nombre de pièces rebutées, le nombre de réclamations, le taux d'erreurs, l'indice de satisfaction, etc.
- ***Délai :*** le temps d'usinage moyen d'une pièce, le temps de traitement moyen d'une opération, le délai de réponse au courrier, etc.
- ***Coût :*** le prix de revient moyen d'une opération, la note de téléphone ou de consommation de matière, le coût des interventions de maintenance, etc.

Cette liste d'exemples n'est pas limitative et la nature de l'objectif fournit le type d'indicateur qui permet sa mesure. L'indicateur « qualifie » l'objectif.

Dans le cadre d'un objectif de type motivationnel ou de gestion des Ressources Humaines, nous pouvons citer, par exemple : taux d'absentéisme, congés maladie, journées de grève, demandes de mutation, turn-over, niveau de qualification, nombre d'heures de formation par personne…

Parmi la multiplicité des indicateurs possibles, le responsable doit prendre en compte un certain nombre de règles pour effectuer son choix :

- les indicateurs doivent être en nombre limité, 2 à 3 indicateurs par objectif,
- ils doivent mesurer le résultat et la réalisation du Plan d'Action,

- ils doivent être fiables : non soumis à des variations aléatoires et en relation directe avec l'action mise en œuvre,
- ils doivent être simples à renseigner et à comprendre, même s'ils peuvent combiner plusieurs dimensions ou condenser plusieurs informations dans une même mesure (ratios, indices, taux...).

LA DÉTERMINATION DES INDICATEURS DE MESURE D'UN OBJECTIF

- **Objectif** : Accroître de 3 % la part de marché de l'unité commerciale sur « les plus de 55 ans » d'ici 1 an (soit une conquête de 1 000 clients nouveaux pour cette cible).
- **Indicateur de Résultat** : Nombre de nouveaux clients de « plus de 55 ans ».

Le premier indicateur est toujours inclus dans la formulation de l'objectif

- **Indicateur de Réalisation** : Nombre d'entretiens de prospection réalisés (300 par mois sur 10 mois pour un taux de concrétisation de 1 pour 3)

Un deuxième indicateur porte toujours sur l'action (ou groupe d'actions) la plus capitale prévue dans le plan d'action. Il mesure l'effort de l'unité pour atteindre le résultat recherché.

- **Indicateur de Résultat** : Nombre de produits vendus à cette nouvelle clientèle (3 000 espérés, pour un équipement moyen de 3).

Le troisième indicateur porte sur le résultat puisqu'il s'agit d'un objectif d'activité (de production). *A contrario*, dans le cas d'un objectif de fonctionnement (d'amélioration), 2 indicateurs de réalisation et 1 de résultat seraient préférables.

L'indicateur de mesure d'un objectif doit être clairement différencié des variables conjoncturelles affectant un marché ou un environnement économique. Ces données exogènes sont nécessaires pour interpréter un écart de résultat par rapport à un indicateur. Elles ne remplacent pas la mesure « endogène » des efforts et des résultats de l'unité.

Les indicateurs servent à mesurer périodiquement (en général mensuellement) l'avancement de l'unité vers l'atteinte de ses objectifs. Le tableau de bord, regroupant l'ensemble des indicateurs pour l'ensemble des objectifs de l'unité (en général, 9 lignes, soit 3 objectifs x 3 indicateurs), permet un pilotage managérial aux résultats.

Pour les objectifs individuels, il peut s'avérer utile, dans certains cas, de définir des indicateurs, notamment pour les objectifs individuels de production ou opérationnels.

Néanmoins, l'entretien individuel de régulation peut suffire. Le responsable mesure l'effort entrepris et apprécie les actions mises en œuvre. L'échange n'a pas forcément besoin de données quantitatives très nombreuses, en dehors de la saisie directe du résultat par rapport à l'objectif.

III – LA DÉFINITION DES OBJECTIFS DE L'UNITÉ

Les méthodes de définition des objectifs de l'unité reposent sur :

- l'analyse des opportunités et des menaces de l'environnement,
- le diagnostic du rôle et des contributions de l'unité au sein de l'entreprise à laquelle elle appartient (diagnostic externe),
- le diagnostic du fonctionnement interne de l'unité (organisation, procédure, compétence…).

Nous limiterons notre développement à ces deux derniers points ; la réflexion prévisionnelle et prospective sur les différents marchés ou secteurs d'activité, est trop spécifique pour permettre une approche globale.

Le diagnostic externe : la définition des objectifs d'activité

Le diagnostic externe, dans le cadre du management opérationnel, est un outil d'analyse des relations d'une unité avec l'ensemble de ses interlocuteurs externes.

Il permet d'expliquer une situation et de prévoir son évolution.

Il identifie les points forts de l'unité sur lesquels s'appuyer et les faiblesses auxquelles il convient de remédier.

Pour identifier précisément le rôle et les contributions de l'unité, il convient d'identifier les flux entrants et sortants de l'unité afin de calculer le volume de valeur ajoutée qu'elle produit. Dans une optique économique et financière, c'est la valeur ajoutée produite qui légitime l'existence même de l'unité.

Pour ce faire, on utilise la méthode du diagnostic externe de l'unité. Elle consiste à développer une approche systémique qui permet d'identifier les clients et les interlocuteurs externes de l'unité et la nature de leurs relations. L'unité est considérée comme une « boîte noire ». Le diagnostic externe permet de répondre aux questions suivantes :

1 – A quoi servons-nous ?
2 – Quelles sont les réalisations qui nous sont confiées et celles que nos clients attendent de nous ?
3 – Sommes-nous en phase avec nos interlocuteurs ?

Méthodologie du diagnostic externe

La méthode d'analyse repose sur 6 phases distinctes :

– ***Les interlocuteurs*** : lister, regrouper et hiérarchiser les interlocuteurs (les clients au sens de l'analyse systémique) de l'unité ceux-ci peuvent être :
  • externes à l'unité mais internes à l'entreprise,
  • externes à l'entreprise (clients, fournisseurs...).

La liste comporte 8 à 10 interlocuteurs maximum.

– ***Les flux entrants*** **:** pour chaque interlocuteur, définir le flux entrant (*input*) dans l'unité, ce qu'il apporte à l'unité (par exemple, des demandes de travaux, des directives, des dossiers, de l'argent...).
Pour chaque flux, il s'agit d'être concret, c'est-à-dire de décrire :

- sa quantité,
- sa forme,
- sa périodicité.

– ***Les flux sortants*** **:** pour chaque interlocuteur, définir le flux sortant (*output*) de l'unité, les productions de l'unité livrées à l'interlocuteur (produits, services, dossiers, argent...). Il faut également décrire précisément ce flux (quantité, forme, périodicité).

– ***L'analyse des dysfonctionnements*** **:** repérer les écarts entre ce qui est attendu et ce qui est fourni, il s'agit toujours de faits constatés, exprimés en :

- quantité et/ou qualité,
- coût et/ou délai.

– ***La hiérarchisation des dysfonctionnements*** **:** hiérarchiser les dysfonctionnements, c'est-à-dire les écarts négatifs, générateurs d'insatisfaction et déterminer les 2 ou 3 dysfonctionnements principaux à traiter en priorité dans l'année.

– ***La formulation des objectifs*** **:** le responsable définit les priorités de son unité par rapport au poids relatif des dysfonctionnements et des interlocuteurs. Les priorités, ainsi précisées, peuvent être qualifiées d'objectifs non quantifiés.
Ces priorités sont traduites par le responsable, en objectifs sur lesquels il s'appuyera pour mobiliser son équipe.

Tableau 5 : le diagnostic externe.

INTERLOCUTEURS (1)	RELATIONS (2) INPUT (3) OUTPUT	DYSFONC-TIONNEMENTS (4)	HIÉRARCHISATION (5)

⇨ (6) CHOIX DES PRIORITÉS ET FORMULATION DES OBJECTIFS D'ACTIVITÉ

REMARQUES : le responsable classe ses interlocuteurs et les regroupe par famille afin d'obtenir dix interlocuteurs ou groupes d'interlocuteurs avec lesquels l'unité est en relation. Il classe ces groupes d'interlocuteurs par ordre d'importance décroissant afin de traiter en priorité les interlocuteurs dont la qualité de la relation et le volume de transaction sont un gage de survie pour l'unité.

On retient, en règle générale, les groupes d'interlocuteurs « clients » dont la disparition représenterait un risque financier ou professionnel pour l'unité (par exemple, un client dont les achats représentent une part importante du chiffre d'affaires, un fournisseur de matière première dont on ne peut se priver...).

– Les critères à prendre en compte pour hiérarchiser les dysfonctionnements sont les suivants :

- importance stratégique de l'interlocuteur,
- nature du dysfonctionnement (intervenant sur la raison d'être et/ou les activités essentielles de l'unité),
- quantité et fréquence des réclamations,
- et, bien entendu, les orientations générales de l'entreprise.

– Une unité peut, à l'issue du diagnostic précédent, formuler une vingtaine ou davantage d'objectifs d'activité liés à des dysfonctionnements. Toutefois, l'expérience montre que, si elle veut élaborer un Plan d'Action spécifique permettant de maximaliser les chances d'atteindre un objectif, le nombre de 3 objectifs semble raisonnable, sachant que, par ailleurs, elle a à assurer son fonctionnement quotidien.
– Une telle réflexion peut conduire le responsable à repréciser ou à modifier la nature des activités de son unité si celle-ci n'est plus en phase avec ses clients, ses interlocuteurs, son environnement économique. La disparition pure et simple de l'unité peut aussi être une solution ou une sanction.
– Afin d'être parfaitement en phase avec son environnement professionnel, le responsable peut s'enquérir des attentes des interlocuteurs externes de l'unité. C'est la meilleure façon d'obtenir des informations quantitatives et qualitatives sur ce qu'ils souhaitent. Pour ce faire, le responsable peut interroger, lui-même, ces derniers afin d'améliorer les prestations qu'il offre ou utiliser différents moyens d'investigation :

- étude de l'image de marque ou de notoriété d'une unité,
- enquête de satisfaction,
- panel de clients,
- audit et contrôle de gestion, etc.

– Il nous paraît opportun de préciser que la démarche du diagnostic externe mérite que le responsable lui accorde

une attention toute particulière. En effet, ce travail permet de mettre « à plat » les contributions de l'unité et éventuellement de « recaler » celle-ci avec son environnement économique.
Nous encourageons les responsables d'unité à réaliser annuellement ce type d'analyse. En effet, les marchés et les technologies évoluent rapidement et les attentes d'interlocuteurs externes peuvent aussi changer.

– Le diagnostic externe est un outil de dialogue et de motivation des collaborateurs. Ceux-ci doivent être associés à la démarche (de l'élaboration conjointe ou à la simple information-adhésion).
Le diagnostic sera plus riche et l'adhésion aux objectifs plus aisée.

Le diagnostic interne : la définition des objectifs de fonctionnement

Ce deuxième diagnostic, pour rester dans la même métaphore, porte sur l'« intérieur » de la boîte noire.

Il s'agit d'identifier les échanges et les relations entre les acteurs internes de l'unité.

La démarche est comparable à celle précédemment décrite.

Dans un premier temps, il s'agit d'identifier les entités ou les sous-groupes qui forment l'unité. Il peut s'agir de services ou d'un découpage par cellule ou bien par individu.

Dans un second temps, l'analyse va porter sur les relations que chaque entité (précédemment identifiée) entretient avec les autres.

Il existe deux formes de diagnostic interne :

– ***Le diagnostic interne simplifié*** : le responsable construit son analyse à partir de ses attentes et observations. Il envisage pour chacun de ses collaborateurs :

- les activités ou les tâches essentielles qu'il attend de cette personne,
- les actions essentielles que le collaborateur attend de son responsable,
- les dysfonctionnements constatés ;

– ***Le diagnostic interne croisé*** : chaque membre de l'unité réalise le travail décrit précédemment (et pas simplement le responsable).

Cette deuxième approche, plus « systémique », est, bien entendu, plus riche. Elle permet, notamment, de déceler des dysfonctionnements liés à une insuffisance de coordination interne.

Néanmoins, un certain nombre de conditions est requis pour sa réalisation :

– Disposer d'une « enveloppe-temps » suffisante : le diagnostic interne croisé nécessite, en effet, 3 étapes :

- réalisation individuelle pour chaque membre de l'unité,
- entretiens d'ajustement entre chaque membre de l'unité, pour confrontation de l'approche des relations réciproques,
- réunions de synthèse pour mettre en commun et valider le diagnostic interne global.

– Avoir formé ses collaborateurs pour qu'ils maîtrisent cette méthodologie et s'assurer de leur maturité relationnelle (il ne s'agit pas de critiquer autrui mais de proposer des améliorations).

– Gérer une unité dont les activités supposent une complémentarité et une coordination permanentes entre les différents acteurs internes.

Le diagnostic interne simplifié est plus opératoire, dans les conditions suivantes :

- les membres de l'unité sont des opérateurs (ils n'ont personne à superviser),
- les activités et les tâches confiées à chacun ne nécessitent que peu de coordination interne,
- de nombreux membres de l'unité exercent le même emploi,
- il s'agit de la première expérience de l'unité, en matière de diagnostic interne.

Méthodologie du diagnostic interne simplifié

Nous ne développons que la méthode simplifiée pour ne pas alourdir notre propos, sachant que le diagnostic interne croisé suit la même démarche (à répéter "N" fois, autant que de membres de l'unité).

La méthode d'analyse repose sur 6 phases distinctes :

1 – Indiquer le nom et le poste de chaque collaborateur de l'unité.
2 – Préciser les 3 à 5 activités ou tâches essentielles que le responsable attend de chacun.
3 – Tenter de définir ce que chaque collaborateur attend de son responsable, en termes de :

- formation (nouvelle compétence),
- stimulation et récompense,
- contrat managérial.

4 – Définir, pour chaque activité ou tâche confiée, les dysfonctionnements constatés en termes de quantité, qualité, coût et délai (Q,Q,C,D).
5 – Repérer les dysfonctionnements communs, c'est-à-dire ceux que l'on retrouve chez l'ensemble des collaborateurs et, en particulier, chez ceux qui exercent le même emploi.
6 – Formuler les objectifs d'amélioration du fonctionnement de l'unité.

Deux cas peuvent advenir :

- Il n'y a pas de dysfonctionnement commun. Dans ce cas, il n'y aura pas d'objectif de fonctionnement à fixer au niveau de l'unité. Le diagnostic interne aura simplement servi à préparer la négociation des objectifs individuels.
- Il y a des dysfonctionnements communs, on pourra alors définir des objectifs de fonctionnement.

Tableau 6 : le diagnostic interne.

Collaborateurs de l'unité **(1)**	**Ce que j'attends de lui (activité et tâches)** ●⟶ **(2)**	**Ce qu'il attend de moi** ●⟵ **(3)**	**Dysfonc-tionnements (quantité, qualité, coût, délai)** **(4)**

⇨ **(5 et 6) Repérage des éventuels duysfonctionnements communs, choix des priorités et formulations des objectifs d'amélioration du fonctionnement**

La complémentarité du diagnostic externe et interne

Ces deux types de diagnostic ne peuvent être isolés l'un de l'autre.

En effet, dans un environnement incertain, toute modification des données économiques agit sur les attentes et les relations qu'un interlocuteur externe entretient avec l'unité. Ces attentes peuvent changer et, de fait, entraîner une série de dysfonctionnements nouveaux.

La résolution de ces dysfonctionnements est soit un repositionnement des activités de l'unité (mis en exergue par le diagnostic externe) soit une modification de l'organisation ou de la coordination au sein de l'unité (mis en évidence par le diagnostic interne). Dans certains cas, l'action doit être à la fois dirigée vers l'extérieur et vers l'intérieur.

La perpétuelle quête d'adaptation de l'unité à son environnement est la garantie de sa survie et s'inscrit dans l'analyse simultanée de ces deux outils. Le responsable doit en avoir une approche interactive et complémentaire.

IV – LA DÉFINITION DES OBJECTIFS INDIVIDUELS

Nous pouvons constater dans les entreprises, quel que soit leur secteur d'activité, des pratiques très variables en matière de définition d'objectifs individuels.

Certaines entreprises pratiquent la négociation d'objectifs individuels pour chaque collaborateur quel que soit le poste de travail qu'il occupe. Ce choix relève de la culture de l'établissement et d'une volonté politique de la direction générale qui souhaite que chaque personne contribue clairement à la performance de l'entreprise.

Pour des raisons de choix politiques différents, certaines directions refusent de décliner les objectifs d'unité sur le plan individuel. Nous ne discuterons pas ici du bien fondé d'un choix par rapport à un autre, dans la mesure où l'option s'inscrit dans la culture de l'entreprise et la conception du management de ses dirigeants.

Néanmoins, force est de constater le sens de l'évolution : la pratique des objectifs individuels gagne. Certaines données culturelles ou certains préalables freinent encore des entreprises dans ce mouvement. Il ne s'agit que très rarement d'un choix mais plutôt d'une contrainte.

Notre propos est de soutenir clairement le principe des objectifs individuels pour tous, mais à deux conditions essentielles :

- une réelle négociation des objectifs individuels entre le responsable de l'unité et chacun de ses collaborateurs conduisant à une adhésion véritable,
- une réelle différenciation des objectifs individuels tant sur le plan quantitatif (niveau d'exigence) que sur le plan qualitatif (catégorie d'objectif), traduisant la prise en compte du niveau de maturité professionnelle de chacun.

La division de l'objectif de l'unité par « tête de pipe » est l'atrocité managériale absolue en la matière.

La méthode de définition des objectifs individuels

Au-delà du diagnostic interne

Si le diagnostic interne permet de mettre en lumière les éventuels dysfonctionnements portant sur l'organisation et la coordination de l'unité, il est, à coup sûr, pour le responsable, l'outil essentiel pour préparer la négociation des objectifs individuels.

Néanmoins, un dysfonctionnement « collectif » ne fait pas l'objet d'une négociation d'objectif individuel « réitérée » avec chaque collaborateur concerné. Il est traité au niveau de l'unité.

Le diagnostic interne, en définitive, permet de mettre en lumière les dysfonctionnements les plus préoccupants constatés par rapport au poste de chaque collaborateur. Ces dysfonctionnements peuvent être de toute nature :

- production insuffisante,
- incompétence vis-à-vis d'une activité ou d'une tâche,
- faible motivation, globale ou « particulière ».

Il ne guide pas véritablement le choix des priorités ou de la nature des objectifs (production, opérationnel et/ou de progrès) à négocier individuellement.

Il faut prolonger la réflexion par le diagnostic de la maturité professionnelle de chaque collaborateur.

Le diagnostic du degré d'autonomie

Nous proposons une réflexion sur la maturité professionnelle, c'est-à-dire, sur la capacité de chaque collaborateur à exercer les activités de son emploi de manière autonome.

L'outil présenté est notre adaptation de celui proposé par Hersey et Blanchard *. Nous en proposons une interprétation et des applications s'inscrivant dans la problématique du management opérationnel.

---

* P. Hersey et K.H. Blanchard, *Management of organisationnel behavior : utilizing human resources*, Englewood Cliffs N.J. Prentice Hall, 1972.

La maturité professionnelle d'un collaborateur se définit à partir de :

- son degré de compétence,
- son degré de motivation.

En combinant ces deux composantes graduées en intensité, on obtient quatre niveaux d'autonomie :
Ainsi, cet outil est intitulé le diagnostic d'autonomie des collaborateurs.

Tableau 7 : les niveaux d'autonomie.

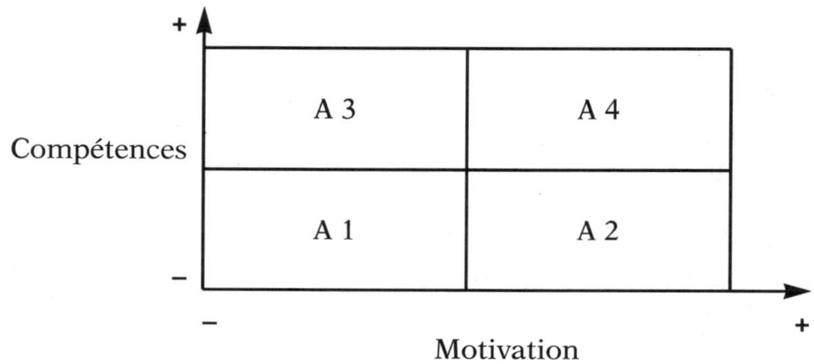

– ***Autonomie 1 :*** ce degré de maturité professionnelle se caractérise par une compétence faible et une motivation faible. Un collaborateur, doté de ce faible niveau de maturité professionnelle, ne peut ni ne souhaite réellement effectuer l'activité ou la tâche demandée.

– ***Autonomie 2 :*** ce degré de maturité professionnelle se caractérise par une compétence faible ou moyenne et un degré de motivation fort. Un collaborateur, doté de ce niveau de maturité professionnelle modéré, souhaite accomplir l'activité ou la tâche demandée mais ne possède pas les compétences requises.

– ***Autonomie 3 :*** ce degré de maturité professionnelle se caractérise par une compétence forte et une motivation faible. Un collaborateur, doté de cet assez fort niveau de maturité professionnelle, possède les compétences requises pour effectuer l'activité ou la tâche demandée mais ne souhaite pas réellement l'effectuer.

– ***Autonomie 4 :*** ce degré de maturité professionnelle se caractérise par une compétence forte et une motivation forte.

Un collaborateur, doté de ce fort niveau de maturité professionnelle, possède et les compétences requises et l'engagement suffisant pour accomplir de façon autonome la mission demandée.

La maturité professionnelle n'est pas absolue mais relative à une activité ou une tâche. Un collaborateur peut se situer en A1 pour une activité donnée et en A4 pour une autre. Un attaché commercial peut être à la fois compétent et motivé (A4) par une activité commerciale et incompétent et réticent (A1) pour effectuer une tâche administrative. De même, un chirurgien peut être compétent et démotivé (A3) par ses interventions et motivé mais sans aucune expérience (A2) par rapport à des activités d'enseignement et de recherche.

Le choix de la catégorie d'objectif individuel

Face à un dysfonctionnement, révélé par le diagnostic interne vis-à-vis d'une activité ou d'une tâche quelconque exercée par un collaborateur, le diagnostic du degré d'autonomie répond à la question du choix de la catégorie d'objectif individuel.

1 – Pour un collaborateur A1 (c'est-à-dire ni compétent, ni motivé par rapport à une tâche ou une activité essentielle), le responsable doit marquer sa détermination par la négociation d'objectifs opérationnels très précis (déclinés par mois, par semaine, par jour),
2 – Pour un collaborateur A2 (c'est-à-dire motivé et pas compétent par rapport à une tâche ou une activité essentielle), le responsable doit affirmer son rôle de formateur par la négociation d'objectifs de progrès en matière de renforcement ou d'acquisition de compétences.
3 – Pour un collaborateur A3 (c'est-à-dire compétent et pas motivé par rapport à une tâche ou une activité essentielle), le responsable doit accroître son initiative et sa contribution par la négociation d'objectifs de production.
4 – Pour un collaborateur A4 (c'est-à-dire compétent et motivé par rapport à une tâche ou une activité essentielle), le responsable doit accompagner son dévelop-

pement par la négociation d'objectifs de production et la responsabilisation sur des missions nouvelles.

Un cas d'école peut se présenter vis-à-vis d'un collaborateur ayant à assurer 3 activités principales et se situant en A1 pour la première, A2 pour la seconde et A3 pour la troisième. Le responsable se trouverait alors dans la situation de négocier, pour chaque activité, un objectif de nature différente. Cette situation est sinon fréquente, tout au moins classique. Néanmoins, une tonalité globale, issue de la hiérarchisation des activités, émerge le plus souvent et conduit le responsable à privilégier une ou deux catégories d'objectif à l'instant « t » vis-à-vis d'un collaborateur donné.

Tableau 8 : les objectifs individuels et le niveau d'autonomie.

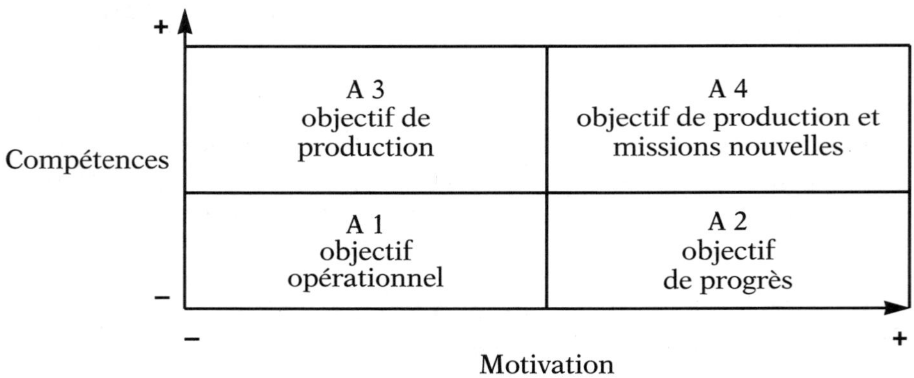

Cette « tonalité globale » constituera le point de départ du contrat managérial négocié entre les deux acteurs.

Le projet fédérateur

Au-delà de ces objectifs individuels et collectifs, le responsable opérationnel doit rassembler son équipe autour d'une ambition collective, d'un projet. Il ne suffit pas de bien faire « tourner » son unité, il faut être porteur d'une vision de moyen terme, mobilisatrice et exigeante.
Un projet fédérateur est articulé autour de trois points :

– Des valeurs simples, pragmatiques, partagées, portant sur :

- le métier tel qu'il est vécu et la recherche d'une fierté de « compagnonnage »,
- le service du client et la recherche de la qualité,
- la cohérence entre le discours et les actes, l'exemplarité de la hiérarchie en la matière.

– Des orientations générales et des lignes directives positionnant clairement :

- la raison d'être de l'unité,
- ses activités principales et prioritaires,
- les stratégies permanentes à mettre en œuvre pour assurer le développement de l'unité, sa productivité ou rentabilité et sa pérennité.

– Des objectifs chiffrés précisant les performances annuelles attendues.

Ce projet n'est fédérateur que s'il est partagé. Il n'y a pas de « recette miracle » en la matière. La conviction du responsable, sa détermination et sa persévérance sont, sans doute, des conditions préalables. Pour le reste, notre seule réponse consiste à renvoyer aux dix points essentiels du management et à leur mise en oeuvre qui sont le seul objet de notre propos.

2.

ORGANISATION ET GESTION DU CHANGEMENT *

De véritables réorganisations peuvent marquer l'existence d'une unité, néanmoins elles constituent un cas d'exception. La plupart du temps, le manager opérationnel procède à la marge, par réajustements à partir du plan organisationnel de départ. Son rôle est plus quotidien : il s'agit de maintenir son unité en phase avec les évolutions de son environnement.

La plupart des organisations résulte de choix effectués dans le passé. A ce titre, elles sont restées relativement statiques là où les attentes des interlocuteurs externes se sont modifiées. Par ailleurs, elles n'ont pas toujours su accompagner les mutations liées aux motivations, aux aspirations nouvelles des personnes.

I – L'ORGANISATION : UN HÉRITAGE DU PASSÉ

Le responsable opérationnel, qui est l'héritier de ce passé, a tout intérêt à vérifier que l'organisation de son unité est en adéquation avec son marché « interne » et « externe ».

Dans cette recherche d'adéquation, le responsable peut se heurter à deux écueils :

- difficulté à se dégager de la routine et à diagnostiquer l'héritage du passé,
- difficulté à se dégager de la culture taylorienne ou post-taylorienne, et des modèles de pensée qui la caractérisent.

---

* Jacques-Yvan Cozon, consultant de Cardinal Conseil, a conçu ce chapitre.

L'organisation est-elle toujours en phase avec son marché interne et avec son marché externe ? Il est difficile de répondre à cette question sans outils appropriés :

– ***Adéquation avec le « marché externe » de l'unité*** : par le même effet de dérive insidieux, les interlocuteurs externes de l'unité ont pu devenir plus exigeants en termes de délai, de qualité et leur technologie a pu évoluer, modifiant du même coup leur demande. L'unité se verra alors, plus souvent que par le passé, reprocher des non-qualités, les récriminations sur les délais se trouveront plus fréquentes.
Ces mutations du marché externe, bien que réelles, pourront paraître insensibles parce que progressives. Les signaux en sont parfois ténus, ils n'en sont pas moins palpables comme autant de clignotants que les responsables ne doivent pas ignorer. Ils indiquent une dégradation de l'organisation : celle-ci n'est plus en phase. On pourrait la comparer à un vieux vêtement, qui a été seyant à un moment, mais qui ne nous va plus.
– ***Adéquation avec le marché interne de l'unité*** : un examen attentif de l'organisation en place permet de déceler l'appréciation implicite du degré de maturité professionnelle de l'équipe réalisée par les responsables passés. Il fait ressortir la cohérence ou l'écart entre le niveau de cette maturité et le degré d'autonomie laissé aux agents. Ainsi, une organisation très centralisée devrait dénoter une faible maturité professionnelle du personnel. A l'inverse, une organisation favorisant de larges délégations suppose un personnel capable de s'assumer.
Or, depuis les choix fondateurs qui ont donné forme à l'organisation, la situation des collaborateurs a pu évoluer insensiblement, la formation ou l'expérience ont pu modifier les comportements, des recrutements ont pu améliorer le niveau de compétences au sein de l'unité, la demande implicite des collaborateurs a pu s'affirmer vers plus d'autonomie, en même temps que s'est accrue leur maturité professionnelle.

Tout cela doit amener le responsable opérationnel à se poser la question : « les choix dont j'ai hérité de mon prédécesseur sont-ils toujours valables ? Ne serait-il pas opportun de réviser mon organisation ? »
D'autres signaux pourront l'inciter à s'engager dans une démarche critique : insuffisance de résultats qualitatifs

ou quantitatifs, conflits naissants au sein de l'équipe, démotivation des membres de l'unité, *turn-over* important...

L'héritage culturel et la réappropriation de la fonction « organisation » par le responsable

La vision taylorienne du *one best way* a trop souvent dépossédé le cadre opérationnel de sa fonction d'organisateur au profit d'« experts » qui sont supposés disposer seuls du *savoir-organiser*. Dans ces modèles de pensée traditionnels, le cadre opérationnel n'a pas de fonction d'organisation : des services fonctionnels du type « organisation et méthodes » s'en sont emparés. Peu à peu se sont instaurées une habitude et une norme qui ont façonné les mentalités. Ainsi, la vision traditionnelle du management comporte des freins culturels puissants en matière d'organisation (« *on ne sait pas faire... vous ne vous rendez pas compte, le Bureau Organisation et Méthodes va crier à l'ingérence dans ses affaires, etc.* »). A ceci s'ajoute souvent une certaine facilité : refus de se remettre en question, refuge derrière la tradition et la routine, prétextes divers pour ne pas affronter une situation qui mériterait d'être révisée.

Il est important que les cadres se réapproprient cette fonction naturelle de leur poste, elle est partie intégrante de ce sentiment de *responsabilisation* qu'ils revendiquent. Elle est constituante de leur autorité.

Non que les bureaux organisation et méthodes (B.O.M.) cessent d'avoir leur utilité, mais il importe de bien délimiter les rôles respectifs :

- Les « B.O.M. » interviennent sous forme d'audits et d'études lorsque les problèmes sont de grande ampleur ou atteignent un certain seuil de gravité, c'est à eux qu'il appartient de définir les standards de performance et de mesurer l'adéquation des moyens à ces standards. Enfin, ils sont de plus en plus spécialisés dans le domaine de l'organisation informatique, devenant moins disponibles pour de l'organisation « classique ».
- Par contraste, il appartient au responsable de chaque

> unité d'adapter son organisation au plus près des réalités, de la faire coller au quotidien, de la maintenir vivante par des ajustements permanents. Or, le plus souvent, les bureaux organisation et méthodes n'ont pas le temps, passée leur intervention initiale, de faire ce suivi fin qui est rendu nécessaire par la mutation de plus en plus rapide de l'environnement.

Nous partons donc de l'hypothèse que toute organisation connaît une dérive insensible depuis son adéquation de départ à sa finalité, et s'éloigne peu à peu (sauf vigilance de son responsable) de son efficacité d'origine. Les causes peuvent en être multiples : usure des hommes et routine, modification de l'environnement, exigences accrues des interlocuteurs, évolutions technologiques « greffées » au coup par coup sans plan d'ensemble, modification des standards de qualité...

Le plus souvent, une telle dérive est implicite et il y a avantage à l'objectiver. La question à se poser est la suivante : « *l'organisation existante de mon unité est-elle toujours appropriée pour atteindre au mieux les objectifs ?* »

Notre seconde hypothèse est que les organisations disposent de larges gisements de productivité, sous réserve que le responsable recherche en permanence la meilleure adéquation possible entre l'organisation de son unité et les aspirations de son personnel, qui constitue son marché « interne » : l'élément humain est bel et bien une ressource pour peu qu'on l'intègre comme telle dans la réflexion managériale. Il n'est pas un stock parmi d'autres, comme l'avait imaginé Taylor.

La première étape d'une réflexion organisationnelle consiste à réaliser un diagnostic du fonctionnement permettant de situer les éventuelles améliorations et de formuler des objectifs de fonctionnement. D'autres moyens de diagnostic permettent de tester la santé de l'organisation en place. Plus proches du thermomètre que du *check-up* généralisé, ils sont des outils indispensables pour manager au quotidien. Ce sont eux qui sont présentés dans ce chapitre.

Face à des dysfonctionnements identifiés (mais on peut trouver des situations ne nécessitant aucune intervention), la deuxième étape consiste en la définition d'une organisation souhaitable, décrivant l'organisation telle qu'elle devrait être « toutes choses égales par ailleurs ». La comparaison de cette structure « idéale », avec les moyens réellement disponibles permet de déterminer un plan de changement comprenant des mesures précises.

La troisième étape concerne l'application du changement, son évaluation et les ajustements correctifs.

Le responsable devra être prudent dans sa stratégie de changement. Dans cette démarche, il aura tout intérêt à utiliser des instruments suffisamment « rustiques » pour être compris par tous et faire l'objet d'une réflexion de groupe. N'oublions pas que les organisations modernes ont de plus en plus besoin de l'adhésion des hommes pour rester compétitives.

II – LES CONCEPTIONS DE L'EFFICACITÉ

On peut admettre deux grandes conceptions de l'efficacité, deux cadres de référence qui vont guider les choix du responsable opérationnel :

La conception de l'efficacité par la rationalisation et le traitement de masse

C'est la conception « classique » liée à l'idée de **standardisation**. Elle est fondée sur la notion de spécialisation et de traitement de masse. Elle fait appel à des techniques d'analyse du travail et de rationalisation des gestes en vue de produire à moindre coût, de rechercher des économies d'échelle.

La conception de l'efficacité par l'adaptabilité et la réactivité

Cette conception est née de la nécessité de faire face à des environnements de plus en plus incertains. Devant l'impossibilité de prévoir, il reste la possibilité de préparer les hommes au changement, de les rendre plus aisément mobiles fonctionnellement, d'en faire une ressource. L'efficacité repose alors sur la recherche permanente de la réactivité des ressources humaines, sur leur capacité à s'ajuster. Elle y trouve sa garantie. Le mode d'organisation n'est pas étranger à la mise en place de cette valeur ajoutée particulière.

Chaque unité se situe quelque part sur le *continuum* défini par chacun de ces deux extrêmes :

Tableau 9 : le continuum de l'efficacité.

efficacité par la standardisation	⟷	efficacité par l'adaptabilité

Au niveau très concret du fonctionnement de l'unité, le choix tel qu'il se pose au responsable consiste à opter plutôt pour la **polyvalence** ou plutôt pour la **spécialisation**.

Dans le cadre de la polyvalence, chaque agent effectue plusieurs groupes de tâches, et est capable de remplacer son voisin, au moins pour traiter les cas les plus ordinaires.

Dans le cadre de la spécialisation, chaque agent effectue un groupe bien particulier de tâches qu'il maîtrise parfaitement, et qu'il peut réaliser à un rythme relativement élevé. Il ne maîtrise que ces tâches là.

Ces deux conceptions correspondent à des styles de management nettement différenciés.

Les critères du choix

La décision, qui portera le responsable vers plus de spécialisation ou plus d'adaptabilité, ne dépend pas du hasard. Elle repose sur un diagnostic simple autour de trois critères :

- ***Stabilité ou turbulence de l'environnement :*** plus l'environnement se révèle turbulent, et plus il sera prudent d'opter pour une stratégie d'adaptabilité. Ainsi, on peut estimer qu'un service comptable est peu soumis aux variations de son environnement : la dernière réforme du plan comptable date de 1982, et, depuis, le « produit » que traite le comptable n'a pas varié. On peut aisément, dans un tel contexte, envisager une spécialisation poussée des tâches et des postes. A l'inverse, un service recherche-développement, tributaire de découvertes scientifiques pas toujours prévisibles, est obligé de laisser une certaine flexibilité à ses chercheurs : ils ont besoin d'une marge d'initiative pour pouvoir expérimenter, analyser... L'organisation devra être beaucoup plus souple.

- ***Maturité professionnelle :*** ce concept est différent de la seule compétence professionnelle ; il désigne la volonté et la capacité d'un agent à *être autonome*. Cette aspiration, qui rejoint la motivation à se réaliser dans le cadre de son travail, ne peut s'accommoder d'une stricte spécialisation des tâches, et requiert un minimum de délégation. La maturité professionnelle a naturellement un rapport direct avec le niveau de compétence des collaborateurs : la mise en place d'une réelle polyvalence suppose une bonne compétence professionnelle de l'individu dans plusieurs domaines. Si tel n'est pas le cas, il ne faut pas l'envisager, les agents ayant besoin d'être rassurés en acquérant d'abord la maîtrise d'un groupe de tâches particulières avant d'élargir progressivement leurs compétences à d'autres groupes de tâches.
- ***Taille de l'unité :*** les unités de petite taille – 2 à 4 personnes – ne peuvent prétendre à une spécialisation absolue du fait des nécessaires remplacements en cas d'absence. Une adaptabilité de fait est alors la règle.

Cela introduit un dernier critère : *les valeurs personnelles du responsable*. On constate immédiatement au vu des critères précédents que chaque option correspond à un style de management bien particulier. Selon que le responsable est centré en priorité sur la satisfaction de son personnel, ou sur l'efficacité de son unité, en dépit des critères précédents, il s'orientera vers la spécialisation ou vers la polyvalence.

Le style de management se travaille et peut s'améliorer. Il ne faut cependant pas qu'il y ait un trop grand écart entre la forme de l'organisation et le style du responsable : il y perdrait en efficacité.

Avantages/inconvénients de chaque option

Tableau 10 :
la spécialisation et la polyvalence : avantages/inconvénients.

SPÉCIALISATION

AVANTAGES	INCONVÉNIENTS
productivité accrue	faible motivation du personnel
formation rapide des nouveaux (nombre limité de tâches à maîtriser)	difficulté de promouvoir un changement et risque de routine
possibilité de monter en puissance rapide en employant du personnel supplémentaire	reconversion des personnes plus difficile en cas de nécessité
moindre coût lié à un personnel de faible qualification	rigidité du dialogue hiérarchie-collaborateurs, développement de jeux de contre-pouvoir et risque de conflits
contrôle plus aisé	faible créativité de l'équipe, coordination difficile entre agents spécialisés

POLYVALENCE

AVANTAGES	INCONVENIENTS
motivation accrue et développement important de la maturité professionnelle	moindre productivité (absence de traitement de masse et difficulté à traiter les exceptions qui nécessitent un « expert »)
coordination interne à l'unité aisée, délais plus courts pour le client	investissement coûteux et long en formation du personnel, très souvent formation sur le tas, pesant sur la gestion du temps du responsable
moindre résistance au changement, au contraire suggestions et améliorations, réactivité	délais de mise en place longs
renforcement de l'esprit d'équipe	très difficile à mettre en place si le *turnover* de l'unité est important
remplacement facile en cas d'absence	difficulté d'intégrer un nouvel arrivant

III – LES CONCEPTS EN MATIÈRE D'ORGANISATION

Ils sont au nombre de cinq :

- ***Raison d'être :*** c'est un principe unificateur, un principe de cohérence, c'est une réalisation essentielle, une production confiée à l'unité qui justifie sa création et son maintien. La raison d'être a un caractère quasi-immuable dans le temps. Il y a avantage à la formaliser.
- ***Activités :*** ce sont les grands domaines de réalisation confiés à l'unité. La raison d'être nécessite en effet la « fabrication » de produits et services (qui sont destinés aux interlocuteurs externes) dont la conjugaison concourt à sa réalisation. Ces contributions demandent à être reconduites sans cesse si l'on veut que l'unité perdure. Les activités sont les réalisations (produits et/ou services) récurrentes de l'unité.

  Elles sont donc *permanentes quant à leur nature*, même si elles peuvent varier quant à leur volume de réalisation. Selon les objectifs de l'unité, telle activité se développera plus que telle autre, mais elles resteront inchangées intrinsèquement.

  On distingue les activités principales (qui sont directement « fabricatrices » des produits et services finaux), les activités de préparation et de suivi (des activités principales), et les activités non spécifiques à l'unité (activités généralement administratives ou de gestion que l'on retrouve quelle que soit la raison d'être de l'unité. Exemple : le secrétariat, la gestion administrative du personnel...).

  Les activités peuvent être mises en œuvre par divers moyens, selon divers choix technologiques. Cela n'altère pas leurs caractéristiques, puisqu'elles se définissent par rapport à des grands domaines de contributions attendues, et non pas par des efforts à produire.
- ***Tâches :*** c'est une fraction d'activité suffisamment petite et précise pour pouvoir être confiée à un exécutant et réalisée dans la même unité de temps. On se centre sur l'effort à produire, sur l'action à réaliser, sur la décomposition de cette action en séquences élémentaires. Il y a

deux étapes opérationnelles concernant les tâches : leur identification et leur répartition.
- ***Méthode :*** c'est la manière de réaliser une tâche particulière, une séquence de gestes orientée vers le maximum d'efficacité.
- ***Procédures :*** c'est l'enchaînement (formalisé ou non) de plusieurs tâches entre elles, concourant à la réalisation d'une activité.

Toute démarche d'organisation (ou de réorganisation) part de la **raison d'être** d'une unité pour clarifier successivement les différents concepts décrits.

Il s'agit d'identifier les **activités** indispensables à la mise en œuvre de la raison d'être de l'unité, puis de déterminer le **qui fait quoi** (**définition et répartition des tâches**), enfin de déterminer les modalités de coordination de ces tâches entre elles (coordination informelle ou/et **procédure** formalisée).

> On a donc la séquence logique suivante :
> RAISON D'ÊTRE → ACTIVITÉS → IDENTIFICATION DES TÂCHES → RÉPARTITION DES TÂCHES → ÉTABLISSEMENT DE PROCÉDURES DE COORDINATION.

Reprenons une à une les différentes étapes de la démarche :

- ***Raison d'être :*** elle se définit à partir du diagnostic externe.
- ***Activités :*** ce sont les grands domaines de réalisation à mettre en œuvre en vue de produire les résultats permanents exigés par les interlocuteurs externes (réalisations récurrentes qui se traduiront par l'exécution de tâches).
- ***Définition des tâches :*** division d'une activité en une fraction susceptible d'être exécutée en continu par une même personne en une unité de temps significative.
  Jusqu'à quel niveau faut-il fragmenter une activité en sous-parties pour arriver à la notion de tâche ? Il n'y a pas de règle simple. Une chose est certaine : tant que le sous-ensemble obtenu ne peut pas être affecté à un seul exécutant, c'est que nous ne sommes pas encore en face d'une tâche. A l'inverse, un découpage trop fin et trop émietté serait néfaste. En dehors d'une perspective d'automatisation ou de suppression de cer-

tains gestes, il multiplierait l'impression de contrôle et renforcerait le sentiment d'impuissance et d'irresponsabilité des exécutants qui ne disposeraient d'aucune liberté dans leur travail.

Tableau 11 : les écueils de la définition des tâches.

Découpage trop fin		**Découpage trop grossi**
	←——— **ÉCUEIL** ———→	
non significatif		**non utilisable**

(Selon les théories scientifiques de l'organisation du travail, les tâches peuvent être décomposées en séquences plus fines nommées opérations = unité élémentaire au niveau du geste).

– ***Répartition des tâches :*** désigne le choix qu'un responsable opère pour affecter l'ensemble des tâches aux différents membres de son unité. Une bonne répartition doit prendre en compte :

  • un équilibrage minimal de la charge de travail de chacun, dans le cadre de la nomenclature générale des emplois définie pour l'ensemble de l'entreprise. (Il n'est pas choquant que la charge de travail d'un collaborateur soit supérieure à celle d'un autre, à condition que le système de rétribution en tienne compte) ;
  • le niveau de compétence et d'ambition de chacun (ce qu'il est prêt à prendre en charge).

Ainsi, le processus de répartition des tâches dans l'unité ne résulte pas d'un traitement mécanique ou arithmétique en fonction des effectifs. Il est fondé sur un diagnostic des capacités individuelles et débouche sur un ajustement. C'est à ce prix qu'on obtient l'efficacité.

Le choix est également influencé par un jeu de contraintes :

  • l'enveloppe des moyens disponibles (la répartition sera différente dans le cas d'une même activité mise en œuvre par deux unités différentes, l'une disposant de deux machines et l'autre d'une seule. Entendons bien : les tâches seront les mêmes, la répartition diffèrera) ;
  • le respect du cadre contractuel défini par la convention collective, par le contrat de travail, par le règlement intérieur. Respect des règles de sécurité, des

normes et règlements propres au secteur auquel appartient l'entreprise (charge de travail, horaires, pénibilité, ...).

– ***Méthode : manière de réaliser une tâche.***
Dès lors que le responsable d'unité a effectué la répartition des tâches, il devrait laisser à chaque exécutant le choix de la méthode. En effet, pourquoi imposer une méthode particulière à l'exécutant ? Vu du coté du responsable, la seule chose qui compte est que le résultat final soit au rendez-vous.
Cette règle simple se heurte souvent à une conception archaïque de la légitimité de la hiérarchie, qui repose sur la notion de pouvoir et de compétence.
Il revient bien évidemment à l'exécutant de déterminer lui-même la méthode la plus adéquate. C'est une règle de bon sens qui tolère trois exceptions :

  - l'exécutant manifeste une insuffisance de résultats (quantitatifs ou qualitatifs). Son supérieur hiérarchique doit alors le guider dans la méthode de manière directive ;
  - vis-à-vis des tiers, il est important que la même tâche soit effectuée de manière identique. Un manuel (souvent nommé « de procédure » par confusion) précise alors les modalités d'exécution de la tâche ;
  - des normes de sécurité imposent un certain mode de réalisation de la tâche.

– ***Procédure :*** ce terme désigne la coordination de plusieurs séquences de travail entre elles dès lors que, pour concourir à une activité donnée, plusieurs tâches sont nécessaires. Dans les faits, les procédures existent toujours, soit sous la forme d'une autoprocédure lorsqu'un agent agit seul (il se définit à lui-même un enchaînement de tâches qui n'est pas explicité pour les autres ou pour sa hiérarchie), soit de manière formalisée (c'est-à-dire connue « de fait », pas nécessairement écrite) lorsque plusieurs agents sont concernés.
Même sans être écrite ou formalisée, toute procédure a une tendance naturelle vers la complexification.
L'allégement des procédures constitue ainsi un axe permanent de réflexion pour tout responsable. Il peut y parvenir en mettant en place les délégations appro-

priées et en supprimant les contrôles redondants. Dans certains cas une procédure ne peut être modifiée par le responsable, par exemple, pour des raisons de sécurité. Il importe alors d'informer correctement le personnel concerné sur le pourquoi d'une procédure contraignante.

Distinction entre activités et objectifs

Le concept d'activité relève d'une réflexion organisationnelle relativement permanente dans le temps : quels sont les flux que nous traitons de manière constante en matière de produits et services à réaliser et correspondant en quelque sorte au « volant » du quotidien ? Il fait référence à la nature des tâches à exécuter.

Le concept d'objectif relève d'un plan d'action visant un résultat bien particulier pour une période considérée : combien voulons-nous en quantité, en qualité, en coût et en délai pour telle période ? Il s'agit d'un niveau de résultat vécu comme un challenge, comme un « plus » que se propose l'unité, qui se démarque du strict quotidien. Ce concept fait référence au résultat économique des tâches à accomplir. Il convient de distinguer clairement le domaine de l'organisation du domaine de l'action.

Tableau 12 : la distinction entre le domaine des objectifs et des activités.

DOMAINE DE L'ACTION	DOMAINE DE L'ORGANISATION
PRIORITÉ	RAISON D'ÊTRE
↓	↓
OBJECTIF	ACTIVITÉ
↓	↓
PLAN D'ACTION	TÂCHE
↓	↓
RÉSULTAT FINAL	PRODUCTION

IV – LA GESTION DES CHANGEMENTS ORGANISATIONNELS

Nous allons rapidement présenter les quatre outils (déjà bien connus) de réflexion organisationnelle dont dispose le responsable d'unité.

Ces outils, simples et concrets, lui permettront :

- de diagnostiquer les forces et les faiblesses de son organisation actuelle,
- d'identifier les actions de changement à promouvoir,
- de nouer un dialogue clair avec chaque collaborateur concerné,
- de mesurer les modifications organisationnelles au cours des différentes étapes mises en œuvre.

Les outils de base permettant de diagnostiquer l'héritage du passé sont le **Tableau de Répartition des Tâches** (TRT), le **Tableau des Compétences Acquises** (TCA) et le **procédogramme**. Ces trois outils constituent également d'excellents moyens de simulation. La **Fiche de poste** sert à formaliser une situation donnée et à établir un contrat entre le responsable et chacun de ses collaborateurs.

Une démarche structurée d'optimisation de l'unité peut dès lors être entreprise en jouant sur la complémentarité et l'interaction de ces outils.

Le tableau de répartition des tâches

Il s'agit de construire un tableau à double entrée présentant l'ensemble des tâches effectuées dans l'unité, réparties par activité et par poste.

Méthode de construction du T.R.T.

Première colonne du tableau

Liste des activités de l'unité, par ordre d'**importance décroissante :**

- en premier, l'activité la plus centrale par rapport à la raison d'être de l'unité :
  Exemple : pour une unité commerciale : la vente des produits et services par entretiens de prospection et de fidélisation ;
- puis les activités de préparation et de suivi :
  Exemple : promotion des ventes, administration des ventes ;
- enfin, les activités annexes, non-spécifiques de l'unité, regroupant les tâches de fonctionnement :
  Exemple : relations avec les autres unités gestion du Personnel, formation, secrétariat.

A titre indicatif, au moins cinq activités doivent être prises en compte si l'on intègre bien les activités non-spécifiques, que l'on retrouve dans toutes les unités.

Première ligne du tableau

Liste des postes, y compris celui de responsable, par ordre de **qualification décroissante**.

On peut construire un T.R.T. pour une unité dont le nombre de postes se situe entre **trois** et **douze**. Au-delà, il sera souhaitable de construire **plusieurs tableaux**, un pour chaque cellule de travail.

Contenu des cases du tableau

Dans les cases de chaque colonne, on répartit les tâches accomplies au sein d'un même poste, en rapport avec chacune des activités auxquelles il contribue. (Cette liste est obtenue par la fiche de poste).

On indique le temps moyen consacré par l'agent à chaque tâche.

Dans le cas du responsable, s'il contrôle l'exécution d'une tâche par un agent, on doit indiquer comme tâche du responsable : comment et à quel rythme il effectue ce contrôle.

A titre indicatif, il doit être possible de recenser de 5 à 10 tâches par poste, sans en oublier aucune d'essentielle.

Choix d'un cycle de référence

Selon les unités de travail, la **périodicité** des tâches à accomplir est très variable.

Il est donc nécessaire de choisir un **cycle de référence** qui tienne compte de cette périodicité : le T.R.T. sera construit pour une semaine ou un mois.

C'est sur cette base que sera évalué le temps consacré à chaque tâche par les agents.

Tableau 13 : le tableau de répartition des tâches.

EXEMPLE DE PRÉSENTATION D'UN T.R.T.*							
Poste / Activités	TEMPS		TEMPS		TEMPS		TEMPS

* Nous reprenons la traduction graphique proposée par J. Simonet, *La maîtrise des méthodes d'organisation dans l'entreprise*, Les Editions d'Organisation, 1984, p. 152.

Qu'obtient-on en analysant le T.R.T. ?

- Sur la première colonne, une vue d'ensemble et complète des activités de l'unité, et le temps total consacré à chacune d'elles.
  On peut ainsi vérifier si l'allocation des ressources est en accord avec la raison d'être et les activités principales de l'unité.
- Sur chaque colonne, une vue d'ensemble et complète des tâches accomplies par le poste, et la répartition du temps de travail.
  On peut ainsi vérifier que cette utilisation du temps de travail est bien conforme au poste de l'agent et aux besoins de l'unité.
- Sur chaque ligne, la **contribution à chaque activité** des membres de l'équipe, et le temps qu'ils y consacrent.

On peut ainsi repérer :

- les aspects les plus **collectifs dans les activités de l'unité**, sur lesquels s'ancre la **vie d'équipe** ;
- les activités les plus **individuelles**, qui constituent des points de vulnérabilité en cas de défaillances et d'absences.

A quoi peut servir le T.R.T. ?

Outil d'information :

- s'informer : le responsable obtient une vision précise du fonctionnement actuel de l'unité ;
- informer le personnel de l'unité : les membres de l'équipe voient clairement le travail d'ensemble auquel ils participent ;
- informer les autres unités : les interlocuteurs habituels de l'unité savent qui fait quoi et à qui s'adresser.

Outil d'analyse critique :

- détecter des anomalies dans l'organisation du travail,
- préparer un projet de changement interne : on peut construire un T.R.T. prévisionnel, optimisant la répartition des tâches.

Comment construire le T.R.T sur le terrain ?

- Par ***enquête directe*** : l'entretien avec chaque collaborateur sur la base de la fiche de poste, pour pointer les différentes tâches en évitant les oublis, et évaluer le temps passé à chaque tâche pendant le cycle de référence.
- Par ***autopointage*** : distribuer des fiches d'autopointage en demandant à chaque agent de noter ce qu'il fait et le temps qu'il y consacre pendant le cycle de référence.

Cette deuxième méthode est plus systématique et plus précise, mais présente des inconvénients : elle est contraignante et demande du temps pour le dépouillement. Elle risque aussi de susciter des réticences, surtout si l'objectif n'est pas clairement présenté et accepté : l'autopointage peut être vécu comme une inquisition.

Le tableau des compétences acquises

Comme pour le T.R.T., il s'agit de construire un tableau à double entrée.

Méthode d'élaboration du T.C.A.

Première colonne :

Liste des activités de l'unité, spécifiques et non spécifiques, par ordre d'importance décroissante.

Première ligne :

Liste des membres de l'unité, y compris le responsable, par ordre de qualification décroissante.

Contenu des cases :

Ici, à la différence du T.R.T., on n'inscrit pas ce que fait effectivement chaque agent, mais ce qu'il sait faire, même si, actuellement, il n'exerce pas cette compétence.

On note, dans chaque case, le symbole correspondant à la compétence de chaque personne pour chaque activité, en distinguant trois niveaux :

Tableau 14 : le niveau de compétence acquise.

Symbole	Niveau de compétence	Points
	pas de compétence	0
/	compétence partielle	0,5
X	Compétence complète	1

Il est souhaitable d'établir le T.C.A. par entretien avec les intéressés.

En effet, le responsable ne peut prétendre connaître, à coup sûr, le niveau de compétence de tous ses collaborateurs dans toutes les activités, surtout s'ils n'ont pas l'occasion d'exercer cette compétence actuellement.

Tableau 15 : le tableau des compétences acquises.

EXEMPLE DE PRÉSENTATION D'UN T.C.A. *						
Collaborateurs de l'unité / Activités						Indice de recouvrement des activités
Indice de polyvalence des personnes						

* Comme pour le T.R.T., nous reprenons la traduction graphique proposée par J. Simonet, *op. cit.*, p. 154.

Qu'obtient-on en analysant le T.C.A. ?

– ***En bout de ligne*** : en totalisant les compétences disponibles dans l'équipe, pour une même activité, on obtient :
L'INDICE DE RECOUVREMENT DES ACTIVITÉS.
Cette information est utile pour gérer les effectifs, car elle permet d'évaluer l'impact de l'absence d'un agent sur la marche de l'unité, et d'envisager les possibilités de remplacement.
Un indice de recouvrement inférieur à 2 pour une activité donnée exprime une vulnérabilité de l'unité : l'agent malade ou en formation ne peut pas être complètement remplacé.
Un indice de recouvrement égal ou supérieur à 2 pour toutes les activités signifierait qu'il est d'ores et déjà possible d'envisager un plan de mobilité au sein de l'unité.

– ***En bout de colonne*** : en totalisant les compétences de chacun, on obtient :
L'INDICE DE POLYVALENCE DE CHAQUE COLLABORATEUR.
Cette information est utile pour une meilleure gestion du potentiel humain. Elle permet d'alerter le responsable sur les risques de marginalisation ou de sclérose qu'encourent les personnes enfermées dans un seul domaine de compétence.
Elle peut offrir un point de départ à l'analyse des besoins de formation dans la perspective d'un plan de développement des compétences, offrant aux agents des possibilités d'évolution professionnelle.

Comment utiliser le T.C.A. ?

Le responsable peut utiliser le T.C.A. actuel pour dialoguer avec son équipe et préparer un plan de polyvalence.

Il peut aussi en faire un outil de prévision :

- en définissant un indice de recouvrement des activités optimal,
- en définissant un indice de polyvalence des personnes optimal,
- en établissant sur cette base un « T.C.A. souhaitable »,
- en élaborant un plan de formation spécifique pour son unité en fonction des choix organisationnels.

Le Procédogramme

Il permet de visualiser les enchaînements et les interactions entre les tâches au sein d'une même activité dans le but de rechercher :

- les simplifications souhaitables (trop de redondance dans les contrôles) ;
- les regroupements souhaitables (trop de parcellisation dans la répartition des tâches) ;
- les délégations possibles (moins d'intervenants, de contrôles et plus de responsabilisation).

Il sert de support à la définition d'une procédure optimale :

- réduisant les délais et les coûts,
- augmentant la qualité et la motivation des acteurs.

Méthode d'élaboration

1 – Lister l'ensemble des tâches intervenant dans la réalisation d'une activité et indiquer pour chaque tâche la personne **qui doit l'effectuer :**

Activité X

Tâche	Personne
–	
–	
–	

Il est essentiel de recenser les tâches de contrôle et de décision.

2 – Etablir l'ordre chronologique de réalisation de chaque tâche (du point de départ au point d'arrivée) et préciser la nature des informations échangées entre chaque acteur concerné.

3 – Illustrer le procédogramme à l'aide d'un schéma utilisant les symboles suivants :

- des flèches (→) pour indiquer le passage d'une tâche à l'autre et la circulation de l'information entre les acteurs de la procédure ;
- des cercles (○) pour indiquer l'exécution d'une tâche ;
- des rectangles (□) pour indiquer les personnes.

L'exemple simplifié, ci-après, trace les grandes lignes de la procédure de traitement d'une demande de crédit « Entreprise » (PME-PMI) d'un client d'une agence bancaire (de 50 personnes).
Le procédogramme fait immédiatement apparaître :

- la lenteur du circuit en raison de la connection du système d'information et d'opération (les tâches ne commencent qu'après l'information de tous les acteurs),
- la redondance excessive des contrôles,
- l'absence de délégation,
- le morcellement des tâches.

La fiche de poste

Il ne peut y avoir de contrat clair entre le responsable et chacun de ses collaborateurs sans une vision commune du contenu exact du poste de travail. Celle-ci est vérifiée par un entretien et remise périodiquement à jour lors de l'entretien annuel d'appréciation.

Les différents niveaux de définition d'un poste de travail

Il y a plusieurs niveaux d'approche. Seul le dernier est opérationnel par rapport au management direct d'une unité de travail. Lui seul constitue un véritable « contrat » entre le hiérarchique et chaque membre de son équipe.

- ***Le niveau du secteur économique*** **:** dispositions de la convention collective (s'il y en a une), nécessairement extrêmement vague. C'est cependant le cadre contractuel général.
- ***Le niveau de l'entreprise*** **:** les définitions d'emploi (ou de fonction). Ce document a un caractère assez général pour deux raisons essentielles :

Tableau 16 : le procédogramme (exemple).

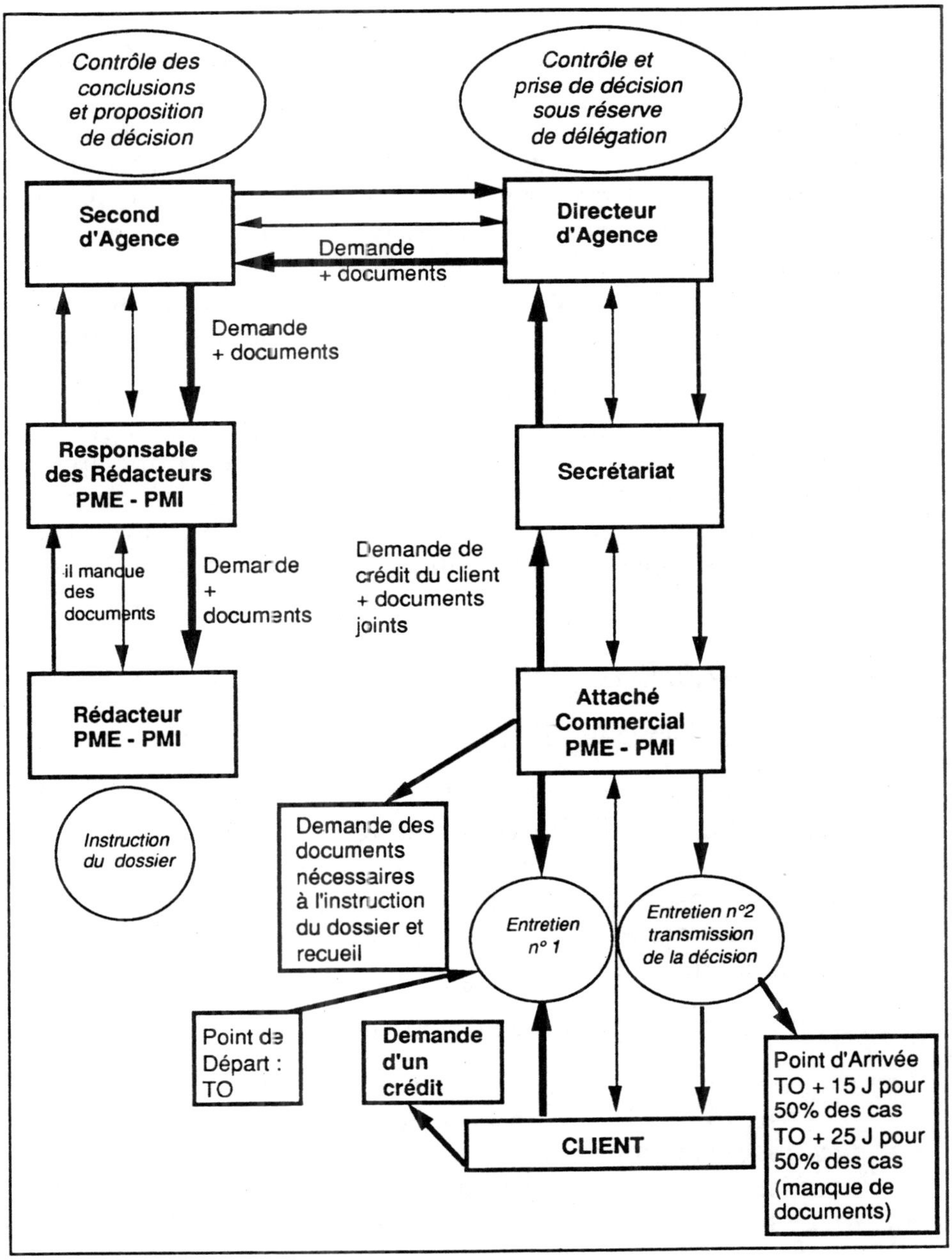

- il doit pouvoir s'appliquer à tous les titulaires d'un même poste de travail, nonobstant les disparités liées aux particularités géographiques de l'implantation du poste, ou aux différences de moyens de l'unité dans laquelle se situe le poste. Il répond donc à un souci d'équité et d'harmonisation ;
- il doit se garder de rigidifier le dialogue en cas d'évolution du contexte dans lequel le poste évolue (éviter le risque de se voir opposer un refus face à une tâche ayant évolué avec le temps : « *Ce n'est pas marqué dans ma définition de fonction, donc je ne le fais pas.* »).

  Bien qu'il soit indispensable au bon fonctionnement de l'entreprise, cela n'en fait pas un document directement opérationnel au niveau de l'unité.

– ***Le niveau de l'unité* :** la fiche de poste. Il s'agit de reprendre la définition de l'emploi élaborée au niveau de l'entreprise et de la décliner au niveau de l'unité, en prenant en compte les contingences particulières qui sont les siennes ainsi que le contexte particulier dans lequel elle évolue.

Comment établir la fiche de poste ?

Il est souhaitable d'établir la fiche de poste avec l'intéressé :

1 – Le responsable prépare la fiche de poste et invite le collaborateur à réfléchir de son côté sur le contenu de son poste de travail.
2 – Le responsable fixe un entretien pour confronter les points de vue et élaborer, d'un commun accord, la fiche de poste de l'interessé.

Au cours de cet entretien, le responsable :

- invite le collaborateur à décrire les différents aspects de son travail et à les situer dans la vie de l'unité,
- organise l'entretien en quatre niveaux : raison d'être, activités et/ou tâches principales, compétences requises, exigences,
- analyse les écarts éventuels entre les deux points de vue,
- donne ou recueille les explications nécessaires pour dissiper les malentendus et réparer les oublis,
- vérifie la bonne compréhension et l'adhésion du collaborateur.

Tableau 17 : la fiche de poste : présentation et définition de ses grandes rubriques.

Dénomination du poste : reprise de l'intitulé de l'emploi.
Niveau de classification ou catégorie : reprise dans la nomenclature des emplois de l'entreprise.

Raison d'être

Il s'agit de décrire l'activité essentielle liée au poste, ayant justifié sa création : « A quoi sert le poste dans l'unité ? » A ne pas confondre avec la finalité du poste qui est son but essentiel.

Activité et/ou tâches principales

Il s'agit de décrire les réalisations confiées de manière permanente à la personne qui occupe le poste (à distinguer d'une mission, par nature temporaire).
Les tâches sont les actions concrètes à réaliser dans le cadre d'une activité.

Compétences requises

- **Savoir :** CONNAISSANCES SPÉCIFIQUES REQUISES POUR TENIR LE POSTE.

Par exemple : législation du travail, réglementation des changes...

- **Savoir-faire :** MÉTHODES ET TECHNIQUES SPÉCIFIQUES, dont la maîtrise est nécessaire pour réaliser les activités ou les tâches.

Par exemple : techniques d'animation d'équipe, d'analyse financière...

- **Savoir-être :** CAPACITÉS DE BASE à mobiliser. Selon les exigences du poste, elles sont de nature cognitive (compréhension, analyse, structuration) et/ou créative et/ou d'expression (écrite et orale), et/ou relationnelle (négociation, argumentation...).

Niveau d'exigence

CRITÈRES SOUHAITÉS POUR TENIR LE POSTE en termes de :
- niveau et nature de formation ;
- expérience professionnelle ;
- spécificités (disponibilité, discrétion, langues étrangères, déplacements...).

L'utilité de la fiche de poste est multiple :

- pour améliorer les relations de travail, en levant les ambiguïtés, sources de malentendus, de frictions, de blocages ;
- pour pratiquer un management motivant, en offrant un point de départ clair à la mise en place d'un contrat managérial : chaque activité peut se traduire en objectifs quantifiés ;
- pour améliorer l'organisation de son unité, en comparant la fiche de poste actuelle et la fiche de poste souhaitable pour mieux répondre aux besoins de l'entreprise ;
- pour l'appréciation du personnel, en fournissant des bases objectives à l'évaluation du travail accompli par le collaborateur ;
- pour mettre en place des délégations formalisées, afin d'ajuster le poste aux aspirations, à la compétence et aux résultats de chaque titulaire.

L'optimisation organisationnelle de l'unité

Rappelons que la plupart des responsables gèrent, de fait, l'héritage lié à tous les choix, conscients ou non, faits par leurs prédécesseurs.

Le seul volant d'action possible au niveau opérationnel réside dans une meilleure adaptation de la répartition des tâches et dans une recherche permanente de l'allégement des procédures et des circuits de décision (mise en place de délégations).

Le responsable utilise pour cela les outils présentés (tableau de répartition des tâches, tableau de polyvalence, fiche de poste, procédogramme). Il doit également prendre en compte un certain nombre de contraintes (technologie employée, quantité de moyens alloués).

Le processus d'optimisation se déroule en quatre étapes :

– ***Etape 1 :*** l'identification des changements organisationnels souhaitables s'effectue à partir de l'analyse des écarts entre les attentes des divers interlocuteurs de l'unité et les réalisations produites (diagnostic externe).

Le diagnostic externe permet de définir les activités à

réaliser pour produire les biens ou services attendus. Ces activités sont décomposées en tâches qui sont ensuite quantifiées. A partir de là, il devient possible d'identifier la répartition des tâches idéale qui en découlerait ainsi que les effectifs souhaitables.

– ***Etape 2 :*** partant de là, le responsable peut utiliser le TRT et le TCA pour simuler la situation souhaitable et apprécier son degré de faisabilité. Il utilise le TRT comme outil de simulation et fait varier le degré de spécialisation ou de polyvalence. Le TCA lui indique la marge de manœuvre immédiate dont il dispose, et lui permet d'identifier les efforts de formation à consentir pour faire aboutir son projet d'optimisation.

Le responsable retient une simulation qui lui apparaît plausible et conforme au niveau de maturité professionnelle de son équipe. Chaque colonne du TRT lui donne un descriptif de chaque poste de travail ainsi que la charge correspondante.

– ***Etape 3 :*** ayant identifié la répartition des tâches souhaitables, la question à résoudre est la suivante : « les moyens dont l'unité dispose lui permettent-il de faire face à toutes les dimensions de sa raison d'être ? Eventuellement, s'il constate qu'il ne peut faire face aux activités de son unité avec ses moyens actuels, il pourra entamer une négociation avec sa hiérarchie pour obtenir les moyens qui lui feraient défaut. Encore faut-il pouvoir mener une réflexion sérieuse qui ne se contente pas d'une vue intuitive ou approximative... et ne pas oublier que toute gestion consiste à arbitrer entre plusieurs possibilités d'allocation de moyens par définition limités en quantité.

Il y a là une dimension de négociation à prendre en compte par le responsable opérationnel, s'il ne veut pas être l'éternelle « victime ». Pour aboutir, une telle négociation suppose un dossier solide et étayé par une réelle analyse. Les outils, cités plus haut, en renforceront l'impact. Un pis-aller, permettant d'amorcer un dialogue, consiste à présenter une analyse des moyens à acquérir mettant en lumière leurs coûts d'acquisition par rapport au manque à gagner qui résulte de leur absence. (cf tableau 18 page suivante).

– ***Etape 4 :*** en fonction des arbitrages réalisés en matière de moyens, le responsable bâtit ensuite le projet d'optimisation définitif, et le soumet à l'épreuve des faits.

Indépendamment de l'acquisition ou non de moyens supplémentaires, un axe permanent de recherche consiste à raccourcir au maximum les circuits de décision (travail sur des procédogrammes). Moins il y a d'intermédiaires et de relais, plus la décision peut se prendre du consommateur final et plus s'allégeront les coûts, les délais, les non-qualités. Ceci permet d'augmenter la satisfaction du client et d'élever le moral de l'équipe.

Tableau 18 : le schéma d'analyse des moyens à acquérir.

BESOINS (moyens manquants)	INCIDENCE DU MANQUE DE MOYENS SUR LES OBJECTIFS	COÛT D'ACQUISITION, DE SOUS-TRAITANCE, DE FORMATION...	ACTIONS MENÉES AU SEIN DE L'UNITÉ POUR PALLIER L'ABSENCE DE MOYENS
EN PERSONNEL	Incidence quantitative, qualitative, en coût, en délai	Charges de personnel supplémentaire	Délégation, simplification des méthodes et procédures, polyvalence
FORMATION QUALIFICATION			
MATÉRIEL			
LOCAUX			

Les 10 phases de l'optimisation organisationnelle

Le schéma global de l'optimisation organisationnelle de l'unité est donc le suivant :

Tableau 19 : les dix phases de l'optimisation organisationnelle.

1. Définition du Tableau de Répartition des Tâches (TRT) souhaitable à partir du diagnostic externe de l'unité.
2. Identification des niveaux de polyvalence à mettre en place à partir du Tableau des Compétences Acquises (TCA).
3. Définition des postes de travail optimaux, à partir du TRT souhaité.
4. Définition des procédures optimales.
5. Négociation éventuelle de moyens supplémentaires.
6. Définition du TRT optimal compte tenu des moyens obtenus.
7. Identification des niveaux de délégation à mettre en place.
8. Plan de formation des collaborateurs en fonction des nouvelles fiches de poste et des délégations à partir du TCA optimal.
9. Mise en place de la nouvelle organisation et test.
10. Ajustements et correctifs.

L'adaptation permanente de l'organisation de l'unité à l'évolution de l'environnement interne et externe relève aujourd'hui essentiellement du domaine du responsable de l'unité.

Il dispose d'outils d'analyse organisationnelle simples et concrets qui lui permettent d'identifier clairement les dysfonctionnements de l'unité, de concevoir des solutions, de réaliser des simulations et d'étayer ses propositions organisationnelles sur des bases tangibles.

Ainsi, il est à même, à l'aide d'un diagnostic dont la méthode a été développée dans le chapitre précédent, de :

- définir et de hiérarchiser les tâches devant être réalisées par chaque collaborateur ;
- répartir les tâches de manière équilibrée et adaptée tant sur le plan qualitatif que quantitatif en visant à satisfaire à la fois les attentes des clients et des collaborateurs.

3.

SUIVI ET CONTRÔLE

Sans céder pour autant à la fine distinction entre la notion de contrôle telle que nous l'entendons « chez nous » et son sens « anglo-saxon », nous tenons à différencier clairement le contrôle du suivi.

Le contrôle est une activité noble, avant tout d'essence stratégique. Il s'agit d'une réflexion, d'une analyse *a posteriori* des résultats obtenus, dans leur intégralité, par une unité ou une entreprise.

A la lumière des finalités économiques de l'entreprise, de ses exigences de rentabilité, le contrôle permettra aux dirigeants d'éclairer leurs choix stratégiques et tactiques, leur plan à moyen terme, la détermination de leurs grands objectifs.

Des unités spécifiques (contrôle de gestion, audit, comptabilité analytique, organisation), proches de la Direction Générale, ont pour mission d'élaborer un système d'information à cet effet.

La fonction contrôle n'est pas, pour autant, totalement exclue du champ d'intervention du manager opérationnel. Il doit, au minimum une fois par an, si aucun imprévu ne survient, mener une telle réflexion avec ses collaborateurs et en faire bénéficier sa hiérarchie.

Toutefois, le suivi opérationnel constitue son pain quotidien. Au terme « suivi », nous pourrions substituer « pilotage opérationnel de l'unité ». Il s'agit de « l'œuvre au noir » qui permet la transmutation de l'objectif en résultat. Si le contrôle est réflexion, le suivi est action.

Il prévient les risques d'échec, les résultats non conformes aux objectifs, les sanctions négatives.

I – LE SUIVI OPÉRATIONNEL

Le suivi est, avant tout, d'essence relationnelle. Il nécessite vigilance et écoute de ses collaborateurs. Il s'agit, au quotidien, de suivre et d'apprécier les résultats obtenus, la réalisation des tâches et des activités.

Cette présence relationnelle du responsable s'étaye sur deux outils de référence :

- le plan d'action,
- le tableau de bord,

pour l'appréhension, principalement collective, des performances de l'unité.

Elle peut s'appuyer également sur un système de REPORTING INDIVIDUEL.

Quoi qu'il en soit, ces outils resteront lettre morte sans des pratiques à la fois collectives et individuelles les mettant en œuvre concrètement, les rendant vivants, à savoir :

- la réunion mensuelle de suivi (des résultats de l'unité) ;
- l'entretien individuel de suivi (des résultats individuels).

Le Plan d'Action

Le plan d'action est, certes, un outil de prévision et de planification. Il est élaboré immédiatement après la formulation de l'objectif de l'unité auquel il se réfère. Il anticipe les actions à mettre en œuvre pour maximiser les chances (de l'unité) d'atteindre le résultat escompté. Il est donc paradoxal de développer cet outil dans le cadre du suivi.

Nous revendiquons ce paradoxe ; le moment de la conception du plan d'action n'est rien, ce qui compte c'est sa mise en œuvre et les correctifs apportés en cours de réalisation.

Trop de plans d'action restent à l'état de vœux pieux, de velléités, vite enfouis au fond d'un tiroir à peine élaborés, encore chauds, pour ainsi dire.

La valeur du plan d'action réside dans son pilotage au jour le jour. Alors, il vivra.

Un plan d'action doit être construit pour chaque objectif de l'unité de la manière la plus participative possible. Le Responsable doit mobiliser ses collaborateurs afin qu'ils supportent leur quote-part de l'effort à réaliser, qu'ils définissent leur contribution. S'agissant d'un outil de dialogue qui marquera la vie de l'unité durant sa mise en œuvre (un an, en général), le plan d'action doit recueillir l'adhésion de tous ou du moins du plus grand nombre.

L'élaboration d'un plan d'action

1 – Pour élaborer un plan d'action, il faut tout d'abord rechercher l'ensemble des causes, des opportunités/menaces de l'environnement ou du dysfonctionnement qui a conduit à la formalisation de l'objectif.
2 – Cause par cause, définir les actions à mettre en œuvre pour les éliminer radicalement.
3 – Formuler les actions d'une manière univoque : il faut pouvoir dire d'une action, sans contestation possible, si elle a été réalisée ou non.
4 – Affecter à chaque action :
   - une personne responsable de sa mise en œuvre,
   - une date de réalisation (début et fin de l'action).
5 – Envisager concrètement le comment, le mode de réalisation de l'action :
   - la méthode à employer,
   - la procédure à respecter,
   - les moyens spécifiques nécessaires.

REMARQUES :

- Un plan d'action « moyen » comprend 8 à 12 actions.
- La difficulté consiste à circonscrire correctement l'action ; deux risques existent :
  - l'amalgame : l'action définie englobe en fait plusieurs actions,
  - l'émiettement : l'action est plutôt un geste élémentaire et le plan d'action deviendra pléthorique, c'est-à-dire inutilisable.
- La méthode de recherche d'idée du « Q,Q,O,Q,C,P,C » (Qui fait Quoi, Où, Quand, Comment, Pourquoi, Combien) peut être utilisée avec profit pour vérifier l'exhaustivité et la pertinence du plan d'action.

Tableau 20 : le plan d'action de l'unité (illustration).

PLAN D'ACTION

OBJECTIF :				
ACTIONS À RÉALISER	RESPONSABLE	ÉCHÉANCE		COMMENT (méthode, procédure, moyens)
		début	fin	

Le suivi du plan d'action

Le tableau récapitulatif de la page 96 sert de guide. Les dates-clés scandent le suivi. Les réunions mensuelles et les entretiens individuels permettent une analyse régulière et une prise de décision concernant les éventuels correctifs, ajustements ou compléments.

Le tableau de bord

Le **tableau de bord** est un instrument de **pilotage** et de **suivi de l'unité**, regroupant un ensemble d'indicateurs significatifs de la progression des résultats vers l'atteinte des objectifs.

Par différence avec le tableau de résultats, il mesure **exclusivement** la performance de l'unité vis-à-vis des trois objectifs fixés pour l'année.

Il fait apparaître, en général mensuellement, des écarts entre les résultats obtenus et les résultats attendus.

L'analyse des écarts seule compte. Elle peut incriminer :

- un environnement instable et imprévisible,
- une absence de moyens ou de renforts attendus,
- la non mise en œuvre partielle ou totale du plan d'action,
- l'inefficacité ou la non pertinence des actions.

Qu'importe, deux impératifs doivent marquer cette analyse :

- la participation des membres de l'unité à la réflexion au cours d'une réunion mensuelle,
- la décision concertée, qui clôt cette réflexion, d'actions correctives à mettre en œuvre (non conditionnées à des préalables quelconques).

Le tableau de bord est certes un instrument de mesure, mais sa vocation est d'être un outil de communication et de décision.

L'élaboration du tableau de bord

1 – Retenir, pour chaque objectif d'activité ou de fonctionnement, des indicateurs pertinents, reflétant la progression de l'unité vers l'atteinte du résultat escompté. Les indicateurs doivent satisfaire les critères suivants :
En nombre limité : 2 à 3 par objectif,
Significatifs de l'objectif poursuivi,
Fiables : non soumis à des variations aléatoires,
Simples à mesurer : sous forme brute ou de ratio, informations aisément disponibles.

2 – Choisir l'échéancier du tableau de bord, en fonction du cycle de production de l'unité (la périodicité la plus généralement retenue est le mois).

3 – Déterminer l'expression mathématique de chaque indicateur. Les indicateurs peuvent prendre la forme d'une valeur brute, d'un indice, d'un pourcentage, d'un ratio.

4 – Evaluer le **niveau actuel** de chaque indicateur retenu. Ce premier « niveau repère » détermine la performance actuelle de l'unité sur cet indicateur.

5 – **Evaluer le niveau à atteindre par chaque indicateur pour réaliser les objectifs définis.**
C'est la « cible », le deuxième « niveau repère » (le résultat attendu pour l'indicateur, après la mise en œuvre du plan d'action).
Evaluer le **délai** nécessaire pour atteindre ce niveau (à l'aide du plan d'action).
Définir le niveau de performance à atteindre (pour chaque indicateur), à chaque échéance définie par la périodicité retenue.

Tableau 21 : Le tableau de bord (illustration).

Echéancier mensuel / Indicateur	MOIS 1	MOIS 2	MOIS 3	MOIS 4	...	MOIS 12
Taux d'erreur - actuel : 12 % - cible : 0 %	N. de perf. 8 % Résultat 10 %	N. de perf. 7 % Résultat 7 % d'erreur	N. de perf. 5 % Résultat 5 %	N. de perf. 4 % Résultat 5 %	...	N. de perf. 0 % Résultat

Apparition d'un écart devant conduire à :

- l'analyse approfondie des causes de cet écart,
- la mise en œuvre d'actions de correction.

Tableau 22 : le tableau de bord type.

TABLEAU DE BORD

	Mois / Indicateurs	**J**	**F**	**M**	**A**	**M**	**J**	**J**	**A**	**S**	**O**	**N**	**D**
OBJECTIF N° 1													
OBJECTIF N° 2													
OBJECTIF N° 3													

Le Reporting Individuel

Un outil de suivi individuel, pour être perçu comme une aide plus que comme une contrainte, doit être :

- *simple* : facile à renseigner ;
- *pertinent* : il ne doit contenir que les informations directement liées aux objectifs ou indicateurs. Il ne s'agit pas de recueillir des informations "pour voir" mais pour agir ;
- *non redondant* : autant que faire ce peut, une information ne doit être saisie, en « temps réel », que sur un seul document, quitte à être reportée en fin de période sur un ou des documents de synthèse ;
- *cohérent avec le système de suivi de l'unité* : garder, dans la mesure du possible, une homogénéité de présentation des documents pour faciliter la saisie ou les reports, ainsi que l'analyse ;
- *défini de façon participative* : un outil de suivi, pour être perçu comme une aide, doit être défini conjointement, par la (ou les) personne(s) qui le renseigne(nt) et celle qui éventuellement consolide et analyse ;
- *analysé périodiquement avec le Responsable opérationnel.*

Dans la majorité des unités de production ou de vente, le système de suivi est informatisé.

Nous allons proposer des exemples d'outils pour des unités ne disposant pas de moyens informatiques dédiés à cet effet, dans un contexte commercial.

Le système décrit permet un suivi individuel et par fonction, il constitue un minimum absolu.

Les outils de suivi standards

Ils sont utilisés par tous les collaborateurs de l'unité ou par ceux ayant une même fonction.

Le suivi de la production individuelle en quantité et/ou en montant :

- document standard, éventuellement par fonction,

- renseignement en « temps réel »,
- total hebdomadaire.

Le suivi de la production de l'unité en quantité et/ou en montant :

- document identique au document individuel,
- renseignement, si possible, quotidien,
- renseignement et/ou total hebdomadaire.

Le planning des entretiens (pour une unité commerciale où les entretiens de vente se déroulent sur le lieu de travail) :

Le planning des entretiens peut être géré comme un outil de suivi à condition que chaque collaborateur y reporte également les entretiens sans rendez-vous.

Il mentionne le nom du client, l'objet du rendez-vous et la durée prévue.

L'outil est :

- soit un planning de type « coiffeur » (une colonne par collaborateur) utilisé en général par les petites unités (jusqu'à 6 personnes)
- soit un planning d'occupation des bureaux de réception de clientèle (une colonne par bureau).

Cet outil permet de réaliser un suivi opérationnel individuel exprimé en nombre d'entretiens.

A partir de cet outil, un collaborateur, n'ayant pas atteint ses objectifs de production, pourra réaliser un diagnostic précis de son activité : cet outil n'est pas suffisamment précis pour suivre des objectifs opérationnels (nombre d'entretiens). Dans ce cas, il faudra un outil personnalisé.

Les outils de suivi personnalisés

Ils sont définis en fonction des besoins des collaborateurs.

A titre d'exemple :

- suivi hebdomadaire des Ventes (par produit prioritaire et par jour : nombre de proposition - quantité vendue...)
- suivi hebdomadaire des entretiens (par client : produit proposé - résultat - commentaires).

Des moyens, plus informels, de type *briefing* individuel ou par fonction, peuvent suffire dans de nombreux cas.

Néanmoins, il serait absurde de définir et de négocier des objectifs individuels avec chaque collaborateur pour ne pas les suivre.

Le suivi individuel comporte 2 aspects :

- le recueil des performances afin de stimuler le collaborateur (de type briefing individuel),
- l'analyse des résultats afin d'évaluer la qualité de la performance et éventuellement de décider de mesures correctives (dans le cadre d'un entretien individuel).

Comme pour la définition des objectifs, la périodicité des entretiens de suivi est fonction du niveau d'autonomie de chaque collaborateur :

- un suivi quotidien, lié à un entretien hebdomadaire d'analyse des résultats, peut être nécessaire dans le cadre d'un collaborateur peu compétent et peu motivé ;
- pour un collaborateur motivé et peu compétent, un objectif opérationnel peut être suivi de façon hebdomadaire avec une analyse mensuelle dans le cadre d'un entretien si aucune difficulté particulière n'est apparue entre temps ;
- un collaborateur performant et autonome pourra présenter ses résultats mensuellement. Ils seront analysés avec le responsable lors d'un entretien trimestriel.

Il convient d'être très attentif à la périodicité du suivi des objectifs individuels car un suivi trop rapproché ou trop éloigné, selon le type de collaborateur, aurait un effet démobilisateur. Par contre, un suivi avec une périodicité adaptée est un moyen efficace de stimulation.

La réunion mensuelle de suivi des résultats de l'unité

Dans le cadre des réunions d'unité, la réunion mensuelle de suivi des résultats a une place particulière. S'il devait n'y en avoir qu'une, ce serait celle-là. La guerre ouverte contre la « Réunionite » ne la concerne sûrement pas.

En effet, il s'agit, mensuellement :

- de faire le point, collectivement et à l'aide du tableau de bord, sur les résultats de l'unité et la progression vers l'atteinte des objectifs,
- d'analyser, en commun, les causes des difficultés éventuellement rencontrées dans la mise en œuvre du plan d'action,
- de définir collégialement les actions correctives et de dynamisation des performances de l'unité,
- de repérer les collaborateurs qui expriment ou manifestent un besoin d'aide et de soutien.

Chaque réunion mensuelle doit avoir un T.O.P. (thème, objectif, plan) spécifique et peut être focalisé sur un seul objectif et plan d'action problématique.

Cependant, elles doivent toutes converger vers le canevas général que nous proposons :

- **Thème général :** les résultats et performances de l'unité pour le mois concerné.
- **Objectif général :** déterminer les actions correctives ou de dynamisation à mettre en œuvre.
- **Plan type :**
  1 – Les résultats et les performances pour le mois (données chiffrées, principalement).
  2 – Les écarts par rapport aux objectifs.
  3 – Analyse des causes et de la mise en œuvre du plan d'action.
  4 – Actions nouvelles à mettre en œuvre (décision).

Tableau 23 : le compte rendu de la réunion mensuelle de suivi (document type).

COMPTE RENDU DE LA RÉUNION MENSUELLE DE SUIVI DES RÉSULTATS DE L'UNITÉ

Date : ....

Unité : ....

Animateur : ....

Thème : ....

Objectif : ....

Plan : ....
....
....
....

I. MESURE DE LA PROGRESSION VERS L'ATTEINTE DES OBJECTIFS DE L'UNITÉ *

II. DÉTERMINATION DES ÉCARTS ENTRE LES RÉSULTATS OBTENUS ET LES RÉSULTATS ATTENDUS *

III. ACTIONS A METTRE EN ŒUVRE AU SEIN DE L'UNITÉ

IV. DÉCISION(S) D'ENTRETIEN(S) INDIVIDUEL(S) PRISE(S) PAR LE RESPONSABLE

Date de l'entretien	Personne	Objet précis de chaque entretien
1/		
2/		
3/		
...		

* Données chiffrées.

Le responsable de l'unité devra systématiquement établir ou faire établir le compte rendu de cette réunion et, pour lui-même, inscrire les décisions d'entretien(s) individuel(s) qui lui semblent opportun de tenir, compte tenu des réactions et attitudes de certains collaborateurs directs.

Nous proposons page 104 un exemple de « compte rendu type » de cette réunion mensuelle qui peut, à nos yeux, être adapté pour toute unité opérationnelle, quelles que soient ses activités. Il nous semble essentiel qu'il ne dépasse pas le format d'une page recto-verso.

L'entretien de suivi des objectifs individuels

Cet entretien n'a pas une périodicité préalablement définie.

Comme nous l'avons vu, le *briefing* (lié au *reporting*) et la réunion d'unité sont des lieux particulièrement propices au repérage de la nécessité d'un entretien individuel.

Toutefois, il semble nécessaire d'instaurer **un entretien au minimum trimestriel avec chaque collaborateur direct.**

L'objectif général de cet entretien est de définir les actions à mettre en œuvre pour accroître la compétence et les performances de cette personne.

Son déroulement doit permettre de traiter les points suivants :

- les résultats obtenus par le collaborateur,
- les écarts par rapport aux prévisions et aux attentes,
- l'analyse commune des causes des éventuels dysfonctionnements,
- la négociation d'axes de progrès,
- la définition d'actions à mettre en œuvre tant par le collaborateur que par le responsable pour maximiser les chances de succès,
- la détermination des prochaines étapes et la date de la nouvelle rencontre.

Un **compte rendu écrit**, court et informel, de cet entretien est nécessaire pour :

- vérifier la compréhension commune des deux interlocuteurs,
- mémoriser les conclusions opératoires,
- faciliter le suivi des actions.

Tableau 24 : le compte rendu de l'entretien de suivi des objectifs individuels (document type).

COMPTE RENDU DE L'ENTRETIEN DE SUIVI DES OBJECTIFS INDIVIDUELS

Date : ....
Unité : ....
Collaborateur : ....

I. RAPPEL DES OBJECTIFS INDIVIDUELS

....
....
....

II. OBJECTIF PRIORITAIRE DE L'ENTRETIEN (portant sur les objectifs annuels, les missions spécifiques et l'activité à venir)

....

III. MESURE DE LA PROGRESSION VERS L'ATTEINTE DES OBJECTIFS INDIVIDUELS *

IV. DÉTERMINATION DES ÉCARTS ENTRE LES RÉSULTATS OBTENUS ET LES RÉSULTATS ATTENDUS :

V. ACTIONS A METTRE EN ŒUVRE

A/ par le Collaborateur :

....
....
....

B/ par le Responsable :

....
....
....

VI. SUIVI

- Date de la prochaine rencontre : ....
- Objet précis : ....

* Données chiffrées.

Ce document est, bien entendu, détenu par le responsable et le collaborateur.

Nous proposons page 106 un exemple de « compte rendu type » de cet entretien de suivi, qui peut être adapté à toute situation. Son format est d'une page recto-verso, comme pour le compte rendu de la réunion mensuelle.

II – LE CONTRAT MANAGÉRIAL COMME FINALITÉ DU SUIVI INDIVIDUEL

Le suivi individuel, de chaque collaborateur, n'est en rien une technocratisation de la relation. Le *reporting* et les entretiens de suivi sont autant d'occasions pour le responsable opérationnel de nouer un contrat managérial spécifique prenant en compte les compétences et la motivation de son collaborateur. Ce contrat existe souvent de manière informelle, il n'y a pas d'ailleurs nécessité à le formuler très explicitement dès le début de la relation managériale. Il est beaucoup plus intéressant de le mettre en actes plutôt qu'en mots, d'amener la personne à le vivre et à le « conscientiser » par elle-même.

Quand le contrat managérial n'existe pas, cela signifie qu'il n'y a pas ou plus de relation managériale réelle entre le responsable opérationnel et son collaborateur.

Il s'agit soit d'une rupture qu'il faut consommer, soit d'un manager qui n'a rien compris à son rôle, à ce qui en fait la grandeur.

Il existe quatre grandes familles de contrat managérial que nous allons distinguer en fonction du degré d'autonomie du collaborateur.

Pour un collaborateur ni compétent, ni motivé par rapport à une tâche ou une activité essentielle :

le contrat managérial est un **contrat de changement** :

➩ Le Responsable doit marquer sa détermination par :

- la négociation d'objectifs opérationnels très précis (déclinés par mois, par semaine, par jour),

- un suivi rapproché, incluant briefing hebdomadaire et entretien mensuel,
- l'investissement en temps personnel qu'il accepte pour faire changer les comportements de son collaborateur.

Ce management de « très grande proximité » (« à la culotte ») est beaucoup plus efficace pour déclencher la motivation qu'une stratégie de formation qui suppose, pour être opérante, une énergie motivationnelle déjà présente.

Pour un collaborateur motivé et pas compétent par rapport à une tâche ou une activité essentielle :

le contrat managérial est un **contrat de formation**, caractérisé par :

- la négociation d'objectifs de progrès en matière de renforcement ou d'acquisition de nouvelles compétences,
- une définition très précise des actions à mettre en œuvre pour atteindre ces objectifs, pour pallier leur non-quantification,
- un investissement personnel du responsable dans la formation de son collaborateur afin de lui transférer son savoir, savoir-faire, savoir-être.

Pour un collaborateur compétent, mais pas motivé par rapport à une tâche ou une activité essentielle :

le contrat managérial est un **contrat de responsabilisation** marqué par :

- la négociation d'objectifs de production,
- une liberté donnée quant aux actions et moyens à mettre en œuvre pour atteindre ces objectifs,
- l'enrichissement et la diversification des tâches et/ou activités du collaborateur,
- une autonomie et une responsabilisation accrues.

Dans la majorité des cas, un collaborateur de ce type est soit :

- une personne anciennement motivée, démobilisée par la faiblesse de ses marges de manœuvre ou d'expression,
- un collaborateur nouvellement recruté qui ne trouve pas dans son emploi de zones suffisamment larges d'autonomie et de responsabilité.

Pour un collaborateur compétent et motivé par rapport à ses tâches ou ses activités essentielles :

le contrat managérial est un **contrat de développement** marqué par :

- la négociation d'objectifs de production,
- la responsabilisation sur des missions nouvelles et des délégations,
- l'association du collaborateur à la réflexion du responsable sur le pilotage de l'unité,
- l'engagement d'une réflexion commune sur le projet professionnel et de développement du collaborateur.

Trois grands niveaux de suivi sont utilisés de manière différenciée par le manager opérationnel dans le cadre de ces contrats managériaux :

- ***1er niveau :*** le suivi au niveau de la tâche : est-elle réalisée ? Bien ou mal ?

- ***2e niveau :*** le suivi au niveau de la décision : est-elle pertinente ? Faut-il ou non en stopper l'exécution ?
  (Il s'agit d'une étape intermédiaire, préparant le niveau 3.)

- ***3e niveau :*** le suivi au niveau du résultat : est-il conforme par rapport à l'objectif ?
  Si oui ou non, pourquoi et comment ?

Les deux premiers niveaux sont chronophages pour le responsable qui doit, pour porter un jugement, prendre le temps de l'évaluation.

Le troisième se situe *a posteriori* et ne nécessite bien souvent que la comparaison de deux chiffres. Il suppose, bien entendu, des délégations très larges et la négociation d'objectifs de production. Ainsi, la nature même du suivi est liée à la nature de l'objectif négocié avec le collaborateur, qui, elle-même est dépendante de la maturité professionnelle de la personne, de son degré d'autonomie.

Tableau 25 : la nature du contrôle selon le niveau d'autonomie.

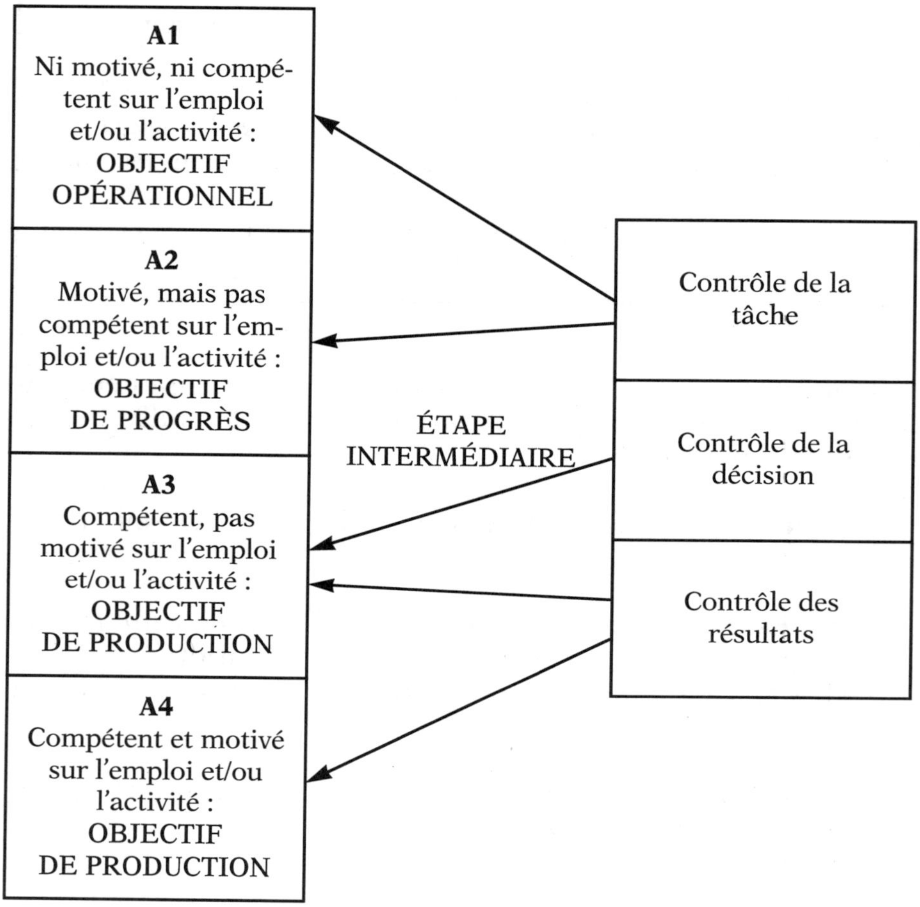

III – LE CONTRÔLE DES RÉSULTATS

Les outils et les pratiques du suivi opérationnel, que nous venons de décrire, sont entièrement tournés vers l'atteinte des objectifs collectifs de l'unité et des objectifs individuels de chacun de ses membres.

Le contrôle des résultats ne doit pas se limiter aux seuls éléments prioritaires, c'est-à-dire « objectivés ».

L'entreprise doit fournir à ses managers opérationnels des tableaux de résultats leur donnant une vision exhaustive de l'ensemble :

- des productions de l'unité,
- des *ratios* de gestion, de comptabilité analytique et de rentabilité.

Ces tableaux de résultats répondent à plusieurs impératifs :

- garder, en permanence, une vision globale et ne pas risquer de passer à côté d'un phénomène de grande ampleur, nouveau ou non encore décelé,
- enrichir la vision du manager opérationnel qui, à son niveau, n'a que rarement la possibilité d'appréhender la dimension économique de ses productions (rentabilité d'une opération, d'un produit, d'un client, prix de revient d'une pièce, coût spécifique ou global,...),
- nourrir l'analyse et le diagnostic des responsables d'unité (il s'avère souvent délicat de mener un diagnostic externe non subjectif sans l'apport quantifié de ces tableaux de résultats),
- doter la Direction Générale de l'entreprise d'un système d'information et de contrôle lui permettant de remplir pleinement sa fonction de pilotage stratégique.

Les tableaux de résultats doivent être conçus (nature des informations et des *ratios*, mode d'alimentation du système, traitement de l'information, mode de ventilation et de diffusion, analyse et synthèse) par des unités spécialisées : contrôle de gestion, audit, comptabilité analytique, organisation, rattachées à la Direction Générale de l'entreprise pour garantir leur autonomie et leur crédibilité.

Elles doivent, non seulement, recueillir et analyser l'information, la délivrer à la Direction Générale, mais aussi la redescendre régulièrement auprès des unités pour ce qui les concernent.

Pour illustrer notre propos, nous allons donner deux exemples de tableaux de résultats.

- ***1er exemple - le relevé de production*** **:** cet outil est fréquemment utilisé dans les ateliers de production industrielle. Il est rempli par les contremaîtres qui relèvent les

productions de chaque machine à l'issue d'une période de travail de 8 heures.
Dans les usines travaillant à « feu continu », avec trois équipes en rotation de 8 heures, on obtient une information sur la production réalisée par chacune d'entre elles.
On peut présenter les relevés de production de la manière suivante :

Tableau 26 : relevé de production
d'un atelier de tréfilerie.

Prod. machines par poste en tonnes \ Dates		Lundi 5/10	Mardi 6/10	Mercredi 7/10	Jeudi 8/10	Vendredi 9/10	Samedi 10/10	Dimanche 11/10	Total hebdomadaire cumulé
Machine n° 1 Ø 8 mm	5 h-13 h	10	11	10,5	10	11	12	10	74,5
	13 h-21 h	9	10	10	11	10	11	11	72
	21 h-5 h	11	10,5	9	11	12	10	11	74,5
Machine n° 2 Ø 6 mm	5 h-13 h	8	9	10	9	7	11	10	64
	13 h-21 h	10	11	9	10	10	9	11	70
	21 h-5 h	10	11	12	11	10	9	10	73

Il existe différentes manières de présenter un relevé de production. Nous avons retenu ici une présentation simple, basée sur la production de chaque machine à tréfiler et ceci par poste de 8 heures de travail.

Le centre de comptage est l'unité de production (la machine) et non pas l'opérateur. Ceci a deux avantages importants :

1 – Des standards de performance par machine pour un travail de 8 heures peuvent être élaborés.
Des normes de performance sont en général fournies par le constructeur de la machine qui définit des modes de fonctionnement et des spécifications techniques dans des conditions normales d'utilisation. A

partir de ces informations et par leur truchement avec la production quotidienne par poste, le responsable peut élaborer des standards de performance, c'est-à-dire des quantités moyennes produites par machine en 8 heures, dans des conditions normales (absence de panne, approvisionnement régulier des machines...).
A partir de notre exemple, on peut quantifier à 10 tonnes pour 8 heures, le standard de performance des machines à tréfiler.

2 – Le suivi de production permet de réaliser des « historiques » de production pour un atelier par machine.
Par historique de production, il faut entendre le stockage d'informations sur la production, dans le passé, de l'atelier et des machines.
Ces informations permettent de renseigner les contrôleurs de gestion sur le coût de revient industriel d'un produit fini (en l'occurrence le coût complet sorti d'atelier du kilogramme de fil de fer tréfilé d'un diamètre déterminé), en tenant compte du coût horaire de chaque machine et du taux main d'œuvre directe / horaire de l'opérateur.

– *2e exemple – le tableau de résultats d'un atelier*

Tableau 27 : résultats d'un atelier de fabrication de « feuillards ».

	Echéance mensuelle / Indicateur	MOIS 1	MOIS 2	MOIS 3	...	TOTAL
Quantité	Production machine	49 t	51,5 t	50 t	...	Totaux cumulés
Qualité	Poids de « déchets »	2,45 t soit 5 %	3,09 t soit 6 %	2,75 t soit 5,5 %	...	Totaux cumulés
Délai	Délai de production à la commande	Ordre de fabrication n° 201 : 17 t en 10 jours	Ordre de fabrication n° 230 : 25 t en 15 jours	Ordre de fabrication n° 256 : 34 t en 20 jours	...	Totaux cumulés
Coût	Charges : matières consommables	n kWh pour 0 F 201	p kWh pour 0 F 230	q kWh pour 0 f 256	...	Totaux cumulés

Il ne faut pas chercher à opposer le tableau de bord et les tableaux de résultats. Ce sont deux outils différents au service d'une finalité différente. Ils restent, néanmoins, totalement complémentaires.

Le tableau de bord est un outil spécifique et spécialisé :

- spécifique : il est construit et renseigné par l'unité,
- spécialisé : il mesure **exclusivement** la performance de l'unité vis-à-vis de ses objectifs.

Le tableau des résultats est un outil d'entreprise et global :

- d'entreprise : il est construit et renseigné par une unité dédiée à cette activité,
- global : il indique la mesure *a posteriori* de l'ensemble des productions et conditions de production des unités (leurs *ratios* économiques et de rentabilité).

Le responsable opérationnel doit utiliser les tableaux de résultats de son unité, ils ne lui servent pas à piloter au quotidien mais si un voyant s'allume, une procédure d'urgence doit être déclenchée.

Les tableaux de résultats sont avant tout des outils de réflexion et de comparaison dans le temps. Ils ne font ressortir que des réalisations en fin de période de référence et n'indiquent pas d'écart entre le prévu et le réalisé.

Il s'agit d'un outil impersonnel qui ne prend en compte aucun objectif, aucune contrainte, aucun imprévu ; il constate un fait certain, une production, un résultat.

Il peut être vécu comme « sans pitié » (le relevé automatique des productions par poste de travail est fréquemment appelé « le mouchard » par les opérateurs), il est pourtant nécessaire comme instrument de comptage et de statistique.

Il rappelle à la rationalité économique et écrit l'histoire des performances de l'entreprise. Rien que pour cela, il ne se discute pas. De plus, les tableaux de résultats fondent les choix des dirigeants, ils sont à la base de la conception du tableau de bord de la Direction Générale.

Le suivi : l'activité principale du manager opérationnel

Une boutade, riche d'enseignement, est souvent exprimée à propos du suivi et du contrôle :

« *Il ne faut pas que le responsable passe plus de temps à contrôler qu'à travailler.* »

Nous ne pouvons qu'adhérer à cette formule lorsque la notion de contrôle est prise dans son acception de type « relevé des compteurs ».

Par contre, dans notre définition du suivi :

- structuré par le plan d'action, le tableau de bord et le *reporting*,
- mise en actes par les réunions mensuelles et les entretiens individuels,
- finalisé par des contrats managériaux,

cette activité devient centrale, l'essence même du management opérationnel, à savoir l'animation et la coordination au quotidien de l'équipe et de chacun de ses membres.

De plus, le suivi met en exergue la double dimension du management opérationnel :

- ***le management individuel :*** c'est, avant tout, l'établissement d'une relation entre un responsable et chaque collaborateur, caractérisée par un contrat managérial favorisant le développement de la performance individuelle,
- ***le management collectif :*** c'est, avant tout, animer une équipe, lui donner une âme, la rassembler autour d'un projet fédérateur afin de renforcer sa productivité.

L'articulation de ces deux dimensions est décisive, tel est l'objet de la deuxième partie de cet ouvrage.

DEUXIÈME PARTIE

ANIMATION ET COORDINATION DE L'UNITÉ

4.

COMMUNICATION ET INFORMATION

Nous devons tout d'abord limiter notre propos. En effet, les thèmes que nous allons aborder peuvent faire l'objet de plusieurs ouvrages. Notre intention n'est pas d'écrire un énième livre sur la communication, l'écoute, la reformulation, les attitudes ou la théorie de la relation, pas plus de disserter sur les systèmes de tri, de ventilation et de répartition du courrier entrant ou sortant de l'unité.

Le premier point a déjà été largement étudié et nous n'avons pas de nouvelles théories originales à proposer en la matière.

Le deuxième n'est pas à proprement parler du ressort du management opérationnel, il s'agit plus d'une question technique et/ou d'organisation de secrétariat. L'information écrite, pour une unité opérationnelle, dans un cadre managérial, se borne en général à des diffusions de notes, de comptes rendus, de mémos ou de bulletins téléphoniques.

La distinction, certes judicieuse, entre :

- l'information, d'essence opérationnelle et unilatérale (descendante, latérale ou remontante),
- et la communication, d'essence relationnelle et multilatérale (échange produisant une valeur ajoutée du fait de l'interaction des informations détenues par chacun),

ne nous semble pas mener très loin dans l'analyse.

La communication et l'information doivent être conçues comme un système répondant à différents types de besoins et à différents enjeux.

Dans le cadre d'une unité opérationnelle, il existe trois types d'information :

- l'information opératoire,
- l'information intégratrice,
- l'information motivationnelle.

Nous allons tenter :

- de caractériser ces trois types d'information,
- de démontrer qu'ils requièrent un outil de management spécifique et différent pour permettre une communication efficace et motivante.

I – L'INFORMATION OPÉRATOIRE

Principales caractéristiques

- Elle est **opératoire** dans le sens où elle permet d'identifier (ou de réorienter) l'action dans le cadre de la réalisation des activités et des tâches confiées à l'unité.
- Elle est **factuelle,** elle véhicule un fait certain (exemple : « le petit chat est mort »), indiscutable ; elle ne souffre ni commentaire, ni discussion. Il ne s'agit pas ici de faire l'analyse des causes, ni de bâtir un plan d'action sophistiqué. L'information opératoire doit être reçue et intégrée à l'action des opérateurs.
- Elle est, en général, de **courte durée de vie**. Une semaine plus tard, cette information est dépassée, elle n'est plus fraîche et a donc perdu sa valeur informative, sa pertinence.
- Elle peut être **diffusée de manière écrite** (note, mémo, billet, rapport, coupure de presse) **ou orale**, sans difficulté majeure quelle qu'en soit la forme.
- Elle est **saturante** : bien souvent, vingt informations opératoires données au même moment aboutissent à un résultat voisin de zéro.
- Elle est **nécessaire à l'efficacité quotidienne** car elle permet, aux membres de l'unité, de réajuster en permanence leur activité en fonction d'elle et donne un référentiel commun.
- Elle est **nécessaire à l'homogénéité de l'équipe**. Un même niveau de maîtrise des informations opératoires, au même moment évite :

  - les quiproquos, issus de niveaux d'information différents,

- les micro-conflits quotidiens, liés à des positions de départ différentes,
- les sentiments de ne pas être informé, alors que d'autres le sont, quand on se rend compte en réunion que certains collègues ont déjà l'information que l'on découvre.

Le *briefing* comme outil de transmission de l'information opératoire

Compte tenu des caractéristiques de l'information opératoire que nous venons de décrire, il est exclu, bien que fréquent, d'utiliser l'outil RÉUNION pour la « transmettre ». En effet, même si celle-ci est hebdomadaire, *a fortiori* bi-mensuelle ou mensuelle, la réunion ne pourra, en matière d'information opératoire, qu'être :

- ***saturante*** : pléthore d'informations opératoires non intégrées par les participants ;
- ***tardive*** : de nombreuses informations ont déjà perdu de leur fraîcheur ;
- ***non homogène*** : certains, les plus directement concernés, ont déjà reçu l'information que d'autres découvrent ;
- ***inappropriée*** : conduisant plus à un monologue, une litanie d'informations descendantes, de nature et d'importance très variées.

Le *briefing* est le seul outil efficace en matière d'information opératoire. Nous allons détailler :

- ses caractéristiques,
- son mode d'animation,
- ses avantages et les risques de mauvaise utilisation.

Le *briefing* est un outil répondant à une pluralité de besoins. Ses caractéristiques diffèrent selon qu'il s'agit d'un *briefing* individuel ou collectif et selon son but, information ou formation. Nous ne développons ici qu'une forme très particulière de *briefing*, celle qui est dédiée à la circulation de l'information opératoire.

Caractéristiques du **briefing** *dans le cadre de l'information opératoire*

- ***Périodicité minimum*** : deux fois par semaine (dans certains cas, et pour certaines équipes, il est journalier et ne dure que 5 à 10 minutes).
- ***Fixité*** : les *briefings* sont toujours planifiés aux mêmes périodes de la semaine.
- ***Durée*** : 20 minutes maximum.
- ***Participants*** :

  • **membres de l'unité** si celle-ci est inférieure à 6 personnes ;
  • ou **par fonction homogène**.

Deux règles doivent être respectées :

• pas plus de 5 participants, animateur compris ;
• un participant absent, responsable lui-même d'une unité, se fait remplacer par un de ses collaborateurs assurant l'intérim.

Mode d'animation du **briefing** *dans ce cadre*

- ***Animation directive par tour de table,*** chaque participant, animateur compris, donne les informations opératoires qu'il détient.
- ***Le plan des interventions*** est toujours le même :

  • activités majeures,
  • résultats obtenus,
  • difficultés ou problèmes rencontrés,
  • information sur le fonctionnement de l'entreprise (notes, méthodes, procédures, relations avec un autre Service ou Département),
  • information sur le contexte externe de l'entreprise (marché, concurrence, économie, droit, fiscalité...).

- ***Les questions posées*** ne portent que sur une demande d'information ou d'explication complémentaire. Toute amorce de débat contradictoire, d'analyse cause-conséquence, d'opinion ou de jugement, est systématiquement stoppée par l'animateur.

Certains participants s'en offusqueront, mais l'animateur est, avant tout, le garant :

- du temps du *briefing*,
- de l'objet du *briefing* (des faits rien que des faits).

Si un *briefing* dure une heure, les participants critiqueront plus encore l'animateur.

- ***La préparation du briefing*** est essentielle : chacun prépare sur une feuille de papier la liste des points qu'il veut aborder et rassemble les documents qu'il souhaite montrer ou diffuser (lettres, notes internes, rapports, mémos, coupures de presse, ...). C'est ainsi que le *briefing* est aussi l'outil n° 1 de diffusion ou de rappel de l'information écrite de l'unité, il est la clef de voûte du système de circulation de l'information écrite.
- ***Le compte rendu « minute »*** permet la conservation, sous forme synthétique, des informations opératoires échangées. Chacun note, sur sa feuille de préparation, au cours du *briefing*, les éléments apportés par les autres ; à l'issue du *briefing*, l'animateur relit à haute voix ce qu'il a noté afin de permettre à chacun de vérifier l'exhaustivité de sa prise de note. Ce *feed-back* clôture le *briefing*.
  Une autre technique consiste à nommer un rapporteur tournant qui effectue seul le travail de prise de notes, réalise le *feed-back* et photocopie son compte rendu.

Les avantages et les errances du briefing dans le cadre de l'information opératoire

Les avantages

- ***Auto-stimulation de chacun,*** chaque collaborateur ayant à annoncer ses réalisations et activités devant son responsable et ses pairs. Le *briefing* est ainsi le lieu d'expression du *reporting*.
- ***Possibilité d'intervention et de prise de décision rapide du responsable,*** en cas de démobilisation d'un collaborateur, d'erreurs ou de chute des résultats.
- ***Formalisation d'un lieu de prise de rendez-vous et de constitution de groupes de travail*** autour d'une mission spécifique.
- ***Gain de temps*** : le *briefing* évite les interruptions et la multiplication des ajustements à deux.

- ***Dynamisation de la circulation de l'information écrite*** : quelles que soient les méthodes de tri, de ventilation et d'archivage de l'information écrite utilisées, il est nécessaire de mettre en lumière certains documents clés, de hiérarchiser l'importance et l'urgence, de vérifier la compréhension (identique) de tous.
- ***Déclencheur d'actes de management individuel*** : le *briefing* permet de repérer, à coup sûr, la nécessité de tenir un entretien individuel avec un collaborateur, pour le stimuler positivement ou négativement, et/ou l'aider à résoudre une difficulté.
- ***Remise au même niveau d'information des absents*** : les comptes rendus des *briefings* permettent une saisie rapide des informations essentielles échangées durant son absence.
- ***Définition des thèmes à traiter en réunion d'unité*** : les problèmes de fond, soulevés au cours du *briefing*, ne doivent pas être traités mais simplement repérés et sélectionnés pour faire l'objet d'une réunion d'unité.
- ***Partage de l'information*** détenue par chaque membre de l'unité dans un cadre formalisé qui évite les risques de rétention volontaire ou non de certaines données.
- ***Renforcement de la cohésion de l'unité*** : ces points de rencontre hebdomadaire permettent aux membres de l'unité (ou à ceux qui exercent la même fonction) de se retrouver régulièrement, d'échanger leurs informations, de se découvrir.

Les errances

- ***Non-maîtrise de la durée du* briefing** : il s'agit du risque le plus grave ; si le *briefing* dure plus de 30 minutes, il devient « bâtard ». On traite sans traiter véritablement les questions, sans conclure. On sombre dans la « réunionite » et la lassitude. L'animateur doit, en permanence, être vigilant et ne pas hésiter à interrompre les débats naissants.
- ***Non-préparation par les participants*** qui conduit soit à allonger le *briefing* (absence de synthèse) soit à le rendre monolithique et descendant (l'animateur est le seul à avoir quelque chose à dire).
- ***Erreur de choix concernant la périodicité et le moment retenu*** : pour des raisons de commodité, le responsable peut instaurer un nombre de *briefing* insuffisant ou plé-

thorique et/ou choisir des moments inadéquats, en fonction du flux d'information. Les conséquences de ces erreurs de choix se marquent toujours sur la durée du *briefing* et la participation des collaborateurs.

– ***Stimulations individuelles ou collectives négatives*** :
  Si le *briefing* est le lieu d'expression du *reporting* individuel de chaque participant, il n'est pas le lieu d'expression du point de vue du responsable, surtout si celui-ci est négatif.
  Deux règles doivent toujours être respectées :

  - pas de « remontée de bretelles » en présence d'un tiers,
  - pas de stimulation comparative (« *Toi, c'est bien* », « *Toi, ça va* », « *Toi, c'est nul* »).

  Les entretiens individuels répondent à la nécessaire formulation de stimulations négatives en cas de résultats insuffisants.

Le *briefing* : outil global de coordination et de régulation

Au-delà de son utilisation en matière d'information opératoire, le *briefing* est un outil multi-fonctions exemplaire. Il offre une structure souple d'échanges favorisant l'émergence de relations de confiance entre les membres d'une équipe.

Son objectif est de permettre aux participants d'être informés et stimulés sur une action, un projet, voire une prise de décision.

Hormis le *briefing* d'information, qui obéit à des règles très précises d'organisation et de fonctionnement, il existe deux autres catégories :

Le briefing *individuel*

Le plus souvent inopiné, il permet de faire le point sur un aspect particulier du travail d'un collaborateur. Il ne s'agit pas dans ce cadre de passer en revue l'ensemble des activités et des tâches, mais de se centrer sur un aspect précis (une action, un résultat, une erreur, une difficulté, un problème…).

Le briefing *collectif*

Il s'agit d'une courte réunion, le plus souvent informelle, qui regroupe une partie ou la totalité des membres de l'unité, qui permet de faire rapidement le point sur un sujet donné.

Ces *briefings* sont rarement planifiés et réellement préparés. En effet, ils s'organisent le plus souvent de façon quasiment spontanée en fonction des besoins ou des souhaits du responsable et/ou de certains membres de l'équipe.

Cet outil, dans son acception globale (en dehors de la spécificité du *briefing* d'information), est aussi un instrument de formation « sur le tas » à la disposition du manager opérationnel. Nous développerons son mode d'utilisation dans ce cadre, au cours du chapitre suivant.

II – L'INFORMATION INTÉGRATRICE

Principales caractéristiques

– Elle est **intégratrice** dans le sens où elle permet d'intégrer :

- l'ensemble des membres de l'unité autour d'objectifs et de lignes d'actions communs,
- les points de vue, avis et suggestions de chacun à l'analyse de la situation et aux décisions retenues,
- les efforts et réalisations de tous les membres du groupe vers l'atteinte des résultats globaux de l'unité.

– Elle porte sur des **aspects durables touchant au fonctionnement de l'unité** ; elle concerne les objectifs, l'organisation, les ressources humaines ou les résultats.

– Elle requiert **une analyse, un débat, des interprétations.** Des points de vue différents viennent l'éclairer et, à l'issue d'une discussion, il s'agit d'**élaborer un plan d'action, de le décider** pour améliorer le fonctionnement et les performances de l'ensemble de l'unité.

– Le fait de départ, générateur de l'information intégratrice, est toujours **un dysfonctionnement de l'unité** ou l'anticipation d'un dysfonctionnement potentiel issu d'une opportunité ou d'une menace de l'environnement, une non-qualité dans la réalisation d'une production de l'unité.

– **Une réunion,** comportant une phase d'information, puis de discussion et enfin de décision, **est nécessaire** pour traiter convenablement une information intégratrice.

La réunion d'unité : outil de traitement de l'information intégratrice

A la différence de l'information opératoire, l'information intégratrice requiert obligatoirement une réunion, compte tenu de ses caractéristiques.

L'objet de notre propos n'est pas de traiter de la méthode générale de conduite de réunions, mais de centrer notre exposé sur les caractéristiques spécifiques de la réunion d'unité.

Caractéristiques de la réunion d'unité

– ***Périodicité : hebdomadaire, en général.*** Dans certains cas, en raison des contraintes spécifiques de l'unité, la réunion d'unité peut être bimensuelle ou mensuelle. Dans ce dernier cas, la réunion d'unité est la réunion mensuelle de suivi des résultats. Cela peut très bien se justifier et suffire dans certains contextes.

– ***Fixité*** : la réunion a toujours lieu le même jour à la même heure. Cette règle permet à chacun d'organiser son planning autour de ce point fixe.

– ***Durée*** : une heure trente (deux heures maximum).

– ***Participants*** : les membres de l'unité (un principe organisationnel de base rappelle qu'une unité ne doit jamais dépasser douze personnes, à l'exception, toutefois, de certaines fonctions synthétiques). Un responsable commercial peut encadrer 15 vendeurs, exerçant le même travail.

  A la différence du *briefing*, il est formellement déconseillé de faire remplacer en cas d'absence un participant par un représentant de sa cellule ou de son unité.

  En effet, il s'agit de constituer le groupe stable des personnes que l'on manage en direct et sur lequel l'on s'appuie pour piloter l'unité (principe de permanence).

– ***Familles de thèmes à traiter au cours des réunions d'unité*** **:**

- les objectifs de l'unité et les plans d'actions à définir pour les atteindre,
- l'organisation de l'unité (définition des activités, procédures de coordination, gestion des interfaces, répartition des activités, système de délégations, moyens nécessaires : investissement, budget, recrutements...),
- les projets transversaux à réaliser (concernant plusieurs sous-unités),
- les ressources humaines (le système d'information à mettre en place, les besoins de formation de l'unité, les actions de stimulations et de motivations à envisager, la gestion des éventuels conflits...),
- le suivi des résultats de l'unité et les actions correctives à envisager.

– ***La préparation de la réunion d'unité*** est essentielle. Pour cela, une certaine planification des thèmes doit être faite, même si l'actualité peut troubler l'ordre pré-établi. En tout cas, le « T.O.P. » (Thème, Objectif, Plan) de la prochaine réunion doit toujours être connu une semaine à l'avance.

– ***L'objectif général*** (le but) de toutes les réunions d'unité peut être formulé ainsi : « Décider des actions à mettre en œuvre pour améliorer le fonctionnement et les performances de l'unité. »

– ***Le compte rendu*** est nécessaire pour mémoriser les actions décidées à l'issue de chaque réunion, faire le point sur leur mise en œuvre, communiquer tant à l'interne qu'à l'externe.

Les principales conditions d'efficacité

- ➪ La définition d'un thème, d'un objectif et d'un plan
- ➪ Le respect des délais
- ➪ L'écoute et la reformulation
- ➪ L'information descendante, ascendante, latérale
- ➪ La sélection et la mise en œuvre de solutions d'améliorations (DÉCISIONS)
- ➪ L'expression de chacun

Mode d'animation de la réunion d'unité

L'expression libre de chacun au cours de la réunion d'unité est à la fois une condition essentielle de la réussite de cet outil et le point le plus délicat à obtenir. L'évolution de la maturité professionnelle des membres de l'équipe peut être mesurée par cet indicateur, à savoir le développement de l'expression de chaque acteur et des interactions entre eux.

Pour faciliter la prise de parole et accompagner le développement de la maturité individuelle et collective de l'unité, le responsable peut utiliser les points de repères suivants :

– « ***Etablir le contact*** », c'est-à-dire :

- créer un climat de confiance en détendant l'atmosphère, en dédramatisant le « sérieux » du débat,
- exposer avec netteté le sujet, veiller à ce que tout le monde en ait compris le sens et l'intérêt et se sente concerné (insister sur les résultats à atteindre),
- amener les débats par un aspect qui intéresse particulièrement l'auditoire et « avancer » progressivement.

– ***Inciter à parler*** en utilisant des **techniques** telles que :

- l'injonction (verbale, par le geste ou par le regard),
- la question (plutôt ouverte),
- ou la reformulation (à la limite le « oui » compréhensif).

Attention, quelle que soit sa forme, l'apostrophe personnelle (l'interpellation nominative) risque de gêner celui qui est interpellé et de créer un climat de groupe infantilisant (comme à l'école, le maître interroge).

– ***Etre autant centré sur ses interlocuteurs*** que sur le sujet des débats :

- avoir une attitude de disponibilité : ouverte et discrète ; montrer de l'intérêt pour tout ce qui est dit, ne rien « étouffer »,
- s'efforcer de rassurer les timides (en soulignant les aspects positifs de leurs interventions et en freinant les bavards),
- observer les attitudes physiques et les comportements qui pourraient indiquer le désir d'intervenir : hésitations, regards et mimiques, apartés...

- motiver les collaborateurs en s'adressant particulièrement à ceux qui semblent indifférents,
- ne négliger aucune intervention : « noter » tout ce que chacun dit ; s'ils ont l'impression d'être négligés, les interlocuteurs finissent par se taire (en réunion, l'utilisation du tableau permet, de plus, à ceux qui ont décroché, de se rattraper),
- encourager l'auditoire à exprimer ses opinions, ses propositions d'amélioration, ses suggestions ; lui demander, surtout de citer ses expériences pratiques, le « provoquer » pour l'inciter à donner son témoignage ou ses sentiments,
- éviter la « saturation » ; savoir détendre l'atmosphère (anecdotes, humour...), ou faire une pause quand les interlocuteurs « en ont assez ».

– ***Savoir écouter***

- lorsqu'on n'est pas certain d'avoir compris, le dire ;
- supporter le silence, se taire, laisser le temps nécessaire à la réflexion ; *a fortiori* ne pas interrompre ;
- laisser parler en faisant preuve de compréhension ; s'efforcer de comprendre ce que signifie – pour l'interlocuteur – ce qu'il est en train de dire.

– ***Ne pas « jouer au supérieur »*** : désofficialiser les rapports et atténuer les barrières « hiérarchiques », en particulier :

- éviter de formuler trop d'affirmations catégoriques,
- supporter la contradiction (mais réguler les « accrochages » entre interlocuteurs),
- ne formuler de jugement à l'encontre d'aucun participant :
  . ne pas utiliser trop souvent l'approbation,
  . ne critiquer personne ; entendre même parfois certains arguments « peu valables »,
  . n'avoir de parti-pris à l'égard de personne.

Les avantages et les errances de la réunion d'unité

Les avantages

– ***Cohésion :*** constituer un groupe de pilotage sur lequel le responsable s'appuie pour manager l'unité. Les réunions d'unité ont pour finalité de créer une véritable solidarité et cohésion entre les membres de l'équipe (entre eux et vis-à-vis du responsable), de les amener du statut d'opérateur-spectateur au management de l'unité à celui d'acteur du changement.

- ***Communauté :*** développer une culture commune des membres de l'équipe, créer un langage et une vision partagés à propos de l'unité, de son fonctionnement et de son rôle au sein de l'entreprise.
- ***Participation :*** traiter, de manière participative, les dysfonctionnements de l'unité, faire la chasse aux non-qualités et rechercher collectivement l'excellence (sans jamais la trouver, bien entendu).
- ***Diagnostic :*** repérer les opportunités d'entretiens individuels avec certains membres du groupe qui manifestent explicitement ou implicitement le besoin d'être stimulés ou aidés face à une difficulté ou un problème.
- ***Développement :*** élever progressivement le degré de maturité professionnelle et managériale de ses collaborateurs directs. La dimension groupe, créée par la réunion d'unité, est un levier important. La stimulation ne vient pas seulement du responsable, elle est aussi latérale, entre les collaborateurs eux-mêmes. Savoir jouer sur le registre du groupe, pour développer l'implication et les compétences de chacun, requiert de la modestie de la part du responsable opérationnel (tout ne vient pas de lui), c'est aussi une tactique particulièrement efficace, dont il n'a pas à rougir.

Les errances

- ***Monolithisme :*** l'animateur monopolise la parole, il s'agit d'une descente d'information et de directives, d'un monologue.
- ***Dérive informative :*** la réunion d'unité est un long *briefing* où l'on traite de tout et de rien. L'oubli de l'objectif prioritaire et l'émergence de débats hors sujets sont la règle.
- ***Improductivité :*** après de longs débats stériles, il ne sort aucune décision ou action concrète à « se mettre sous la dent ».
- ***Objectifs parasites :*** la réunion d'unité n'a plus pour objet de traiter collectivement les dysfonctionnements de l'unité.

Il peut alors s'agir de réunions techniques, de formation, de planification du travail de la semaine, d'une série d'entretiens individuels réalisés en groupe, d'une séance de lecture commentée des notes de service...
- ***Les tours de table :*** longs et systématiques, ils ne pallient pas, autrement que dans l'apparence, l'incapacité de l'animateur à gérer les interactions ou la non préparation de la réunion.
- ***Absence de synthèse et d'adhésion :*** passer au point suivant quand un aspect quelconque ne recueille pas l'assentiment de certains dévoile au pire une démission (une fuite), au mieux de l'autocratie mal déguisée.
- ***Le règlement de compte :*** la mise en cause d'un participant est à bannir dans ce cadre, quels que soient les motifs ; le pire, et pourtant parfois pratiqué, étant la critique successive de chaque membre du groupe.

Distinction entre réunion d'unité et *briefing* collectif

La réunion mensuelle de suivi des résultats, que nous avons décrite dans le cadre du suivi opérationnel, trouve naturellement sa place au sein des réunions d'unité. Une fois par mois, la réunion porte sur les résultats, l'analyse du tableau de bord et du plan d'action, la décision d'actions de correction pour dynamiser les performances. Il s'agit du thème récurrent qui scande la vie de l'unité.

Rappelons, avant de poursuivre par l'information motivationnelle, les principales caractéristiques permettant de distinguer le *briefing* collectif de la réunion d'unité : cf. Tableau 28, page suivante.

III – L'INFORMATION MOTIVATIONNELLE

Principales caractéristiques

- Elle est ***motivationnelle***, dans le sens où son contenu, sa précision ou son exhaustivité n'ont pas un caractère stra-

Tableau 28 : la distinction entre réunion d'unité et *briefing* collectif.

***BRIEFING* COLLECTIF** (en dehors du *briefing* d'information)	**RÉUNION D'UNITÉ**
Participants hétérogènes : – pas forcément tous les membres de l'unité – pas forcément que des personnes appartenant à l'unité	Participants homogènes : nécessairement tous les membres de l'unité, le personnel administratif (assistant(e) et/ou secrétaire y compris) et exclusivement les membres de l'unité
Pas nécessairement planifié	Nécessairement planifiée
Thèmes variés, généralement centrés sur une action à court, voire très court terme	Au moins un thème récurrent : les résultats de l'unité
Pas forcément préparé	Le plus souvent préparée par le responsable : – actualisation des tableaux de bords – analyse des résultats – décision des deux ou trois messages clés à faire passer
Peu structuré	Fortement structurée
Rarement de compte rendu	Rédaction d'un compte rendu
Durée très variable en fonction du thème et des circonstances (degré d'importance et d urgence)	Durée le plus souvent stable, d'une à trois heures

tégique ; ce qui compte avant tout ici, c'est la relation que l'on établit avec son interlocuteur et les effets de cette relation sur sa motivation, ses actions, ses attitudes et ses comportements.

– Elle est ***individuelle***, elle ne concerne qu'un collaborateur.
– Elle est ***personnelle***, dans le sens où elle exprime le point de vue du responsable sur les résultats, les actions, les efforts, les attitudes et les comportements du collaborateur.
– Elle porte sur le ***contrat managérial*** que tisse le responsable avec chaque membre de son équipe.

– Elle donne lieu à un ***entretien individuel***, qui seul permet à chacun de s'exprimer de manière suffisamment authentique pour aborder cet échange. Il faut ici rappeler la règle élémentaire suivante : « Ne jamais critiquer ou louanger trop fortement un collaborateur dans le cadre d'une réunion ou d'un *briefing*. » De plus, en cas d'attaque d'un participant par un autre, le responsable doit intervenir et protéger l'agressé, quitte, « entre quatre yeux », à lui dire dire sa façon de penser.

L'entretien individuel de management

Ce sont des entretiens de quarante-cinq minutes à deux heures environ qui permettent au responsable et à son collaborateur de faire le point sur ses activités et ses résultats, d'examiner ensemble les points à clarifier, de négocier et de décider, le cas échéant, d'actions correctives.

Véritables relais entre le *briefing* individuel et l'entretien annuel d'appréciation, ils permettent à la fois d'articuler, de façon souple et adaptée, la quotidienneté du travail à ce rituel managérial qu'est l'entretien d'appréciation, tout en permettant au responsable d'effectuer, avec chacun des membres de son équipe, un bilan de leurs performances.

Autant le *briefing* individuel se limite à un faisceau unique de stimulations, autant ce type d'entretien permet au responsable de stimuler, de façon plus ou moins générale et globale, chacun de ses collaborateurs. Un responsable peut ainsi, au cours d'un entretien, stimuler son collaborateur négativement sur des résultats afférents à une activité donnée, et positivement sur des résultats afférents à une autre activité. Tel chargé de clientèle d'agence bancaire se verra féliciter pour ses excellents résultats commerciaux et stimuler négativement pour son manque de soin dans la rédaction de ses dossiers de crédit.

L'entretien de suivi (trimestriel, au minimum) est la figure imposée de l'entretien de management, toutefois de nombreuses situations ponctuelles peuvent justifier un entretien plus spécifique :

- expliquer une décision,
- rechercher une solution à un problème,

- négocier un objectif particulier, le renégocier,
- mener l'examen critique d'un résultat, d'un comportement, d'un non-respect d'une règle de fonctionnement,
- faire face à une situation d'embauche, de promotion, de démission, de mutation, de mobilité,
- former (l'information, quant à elle, appartient au *briefing* individuel),
- approfondir la connaissance mutuelle,
- influencer un comportement ou réguler une tension inter-personnelle.

Chaque entretien de management obéit à une dynamique qui lui est propre. Néanmoins, les sept principes de base que nous proposons, qui constituent le déroulement classique de tout entretien de management, ont une portée générale :

Tableau 29 : les 7 phases de la conduite d'un entretien de management.

La conduite d'un entretien de management
1/ Ouvrir l'entretien et le centrer sur l'objectif prioritaire : • clarification de la situation et de l'objectif poursuivi (résultat attendu à la fin de l'entretien), • fixation du délai imparti : de 30 minutes à 2 heures, • annonce du plan.
2/ Découvrir les besoins, attentes, motivations réelles, positions personnelles... de son interlocuteur : • écouter, • reformuler, • poser des questions ouvertes. Alterner ou privilégier, selon le cas : • l'écoute centrée sur le problème, • l'écoute centrée sur la personne (attentes, motivations, réticences, « non-dits »...).
3/ Identifier en commun les éléments-clés de la situation : • la synthèse du diagnostic, • les besoins et motivations du collaborateur, • les impératifs du responsable.

4/ Proposer ou faire proposer des solutions (pas plus de deux ou trois) **et envisager :** • leur faisabilité, • leur efficacité vis-à-vis de l'objectif et des impératifs, • leur efficacité vis-à-vis des besoins et des motivations du collaborateur.
5/ Obtenir les réactions de l'interlocuteur sur les solutions proposées (afin que l'adhésion soit réelle, et non de pure forme).
6/ Prendre une décision, fondée sur l'adhésion du collaborateur, **concernant la mise en œuvre d'une solution :** • identifier ses modalités opératoires (plan d'action et prochaines étapes), • s'assurer de la compréhension de l'interlocuteur (rechercher un *feedback*).
7/ Définir un suivi et planifier un rendez-vous pour : • analyser le mode de mise en œuvre de la solution, • mesurer l'efficacité de cette solution.

Les avantages, les conditions d'efficacité et les errances d'un entretien de management

Les avantages

Le renforcement d'une relation de confiance et l'approfondissement du contrat managérial sont les seuls avantages recherchés, mais ô combien décisifs. L'efficacité d'un entretien ne se mesure que par rapport à eux.

Au-delà de ces deux avantages, il nous semble essentiel de développer les conditions de succès d'un entretien, en tant que situation de communication duelle (face à face). Cette situation, pourtant d'usage courant, n'est pas pour autant confortable car elle met en présence deux personnalités et joue sur des facteurs psychologiques diffus, quelquefois difficiles à appréhender ou à gérer. Elle comporte, en outre, une forte dimension affective, consciente ou non.

Les conditions d'efficacité

- ***La préparation :*** pour se décontracter, mettre son émotivité entre parenthèses et mobiliser son énergie. Une réflexion préalable et un esprit clair permettent d'envisager en toute sécurité sa contribution au bon déroulement de l'entretien.
- ***La disponibilité :*** face à l'autre, il ne s'agit pas de prendre toute la place. Il faut rester disponible en mettant de côté ses *a priori*, ses problèmes personnels, ses cadres conceptuels. Plus on est réceptif, mieux on décèle la spécificité du propos de l'interlocuteur et mieux on peut accompagner l'évolution de sa pensée, à son rythme.
- ***L'implication :*** pourtant le dialogue exige que l'on ne s'efface pas complètement. Ainsi, l'entretien gardera un ton personnel. La disponibilité n'est pas oubli de soi.
- ***La clarification :*** l'entretien n'est efficace que s'il aboutit à une prise de conscience ou une clarification. Il doit permettre :

    • de décrire le problème précisément,
    • d'en chercher les causes,
    • d'y trouver des solutions adaptées.

  Pour y parvenir, il faut intégrer l'interlocuteur à la réflexion et apprendre à l'écouter.

- ***L'écoute active :*** il s'agit d'une attitude qui nous enrichit d'une masse d'informations importante. Elle demande de :

    • se rendre disponible, de sortir de son cadre de référence, d'aller jusqu'à l'autre et au contenu de son message ;
    • maintenir sa curiosité en éveil. Le désir de savoir nous met en situation de capter la densité et la différence de propos de notre interlocuteur ;
    • manifester un intérêt et fixer son attention à l'autre. Regarder l'orateur. Se décontracter pour dépasser d'éventuels blocages ;
    • déceler l'intention de l'interlocuteur ;
    • dégager l'essentiel de l'accessoire afin d'opérer une synthèse ;
    • intervenir en veillant à la qualité de son argumentation.

- ***La reformulation :*** pour contrôler la bonne réception du message et sa mémorisation immédiate, la reformulation constitue une excellente technique.
  A ne pas confondre avec la simple répétition, ni avec les réactions qui sont envoyées en permanence tout au long de l'entretien et qui peuvent être autant gestuelles qu'orales, la reformulation permet de réajuster le propos, si besoin est, de recentrer éventuellement, d'aller plus avant. En tout état de cause, elle s'assure d'une bonne compréhension et vérifie qu'il y a bien ajustement entre les deux cadres déférence en présence.

Les errances

- ***Le monologue :*** l'entretien devient un sermon ou un prêche que l'interlocuteur subit de plus ou moins bonne grâce, avec passivité, indifférence ou même intérêt.
- ***Le syndrome de la « pluie et du beau temps » :*** l'oubli ou l'évitement de l'objectif prioritaire et l'émergence de débats hors du sujet conduisent à parler de « tout et de rien », à entrer dans un dialogue oiseux et circulaire sans conclusion ni fin, autre que l'épuisement et la lassitude.
- ***La vente argumentée :*** le responsable a déjà une solution bien ficelée qu'il va vendre de manière habile ou non, sans prendre en compte les souhaits ou les attentes de son collaborateur. Une victoire « à la Pyrrhus » peut solder ce type de démarche, le succès de moyen terme est rarement au rendez-vous.
- ***Les interruptions :*** sans cesse dérangé par le téléphone et/ou des entrées et sorties intempestives, l'entretien « ne prend pas », la relation ne s'établit pas, l'implication reste comptée.

Cette liste des erreurs à éviter n'est en rien exhaustive et nous pourrions l'agrémenter de nombreux autres petites perles. Elles correspondent aux errances les plus fréquentes que nous avons rencontrées et nous-mêmes expérimentées.

Une autre erreur majeure consiste à confondre le *briefing* individuel et l'entretien de management. Il s'agit de deux outils ayant des buts et des modalités différents. Nous tenons à rappeler les caractéristiques essentielles qui les distinguent.

Tableau 30 : distinction entre *briefing* individuel
et entretien de management.

***BRIEFING* INDIVIDUEL**	**ENTRETIEN DE MANAGEMENT**
Pas nécessairement planifié	Nécessairement planifié
Thèmes variés, généralement centrés sur une action à court, voire très court terme, sur une information ou un besoin de formation ponctuel	Au moins un thème récurrent : les résultats du collaborateur (l'entretien trimestriel de suivi)
Pas forcément préparé	Le plus souvent préparé par le responsable et le collaborateur : • remémoration des objectifs • examen des résultats • analyse des résultats • actions correctives • étude de problèmes...
Peu structuré	Fortement structuré
Absence de compte rendu	Compte rendu
Durée très variable en fonction du thème et des circonstances (degré d'importance et d'urgence) de 5 minutes à 1 heure	Durée le plus souvent stable, de quarante cinq minutes à deux heures

Tableau 31 : le système d'information et de communication tableau récapitulatif.

LE SYSTÈME D'INFORMATION ET DE COMMUNICATION

NATURE DE L'INFORMATION	OUTIL DE MANAGEMENT
1 – L'information opératoire • factuelle • courte durée de vie • saturante • nécessaire à l'homogénéité	**1 – Le *briefing* d'information** • bi-hebdomadaire (minimum) • courte durée (20 minutes) • pas plus de 5 participants • animation directive
2 – L'information intégratrice • analytique • durable • nécessite décision et plan d'action • porte sur un dysfonctionnement	**2 – La réunion d'unité** • hebdomadaire (bimensuelle ou mensuelle) • monothématique • intègre les collaborateurs directs (pas plus de 12 personnes) • animation participative pour parvenir à des décisions communes
3 – L'information motivationnelle • porte sur la relation et non sur le contenu • individuelle et personnelle • exprime le contrat managérial • agit sur les efforts, les attitudes et les comportements	**3 – L'entretien individuel de management** • pas de périodicité pré-établie (au minimum trimestriel) • dialogue et communication approfondis • négociation d'axes de progrès • définition et suivi des actions à mettre en œuvre par les deux parties

↓

OBJECTIF GÉNÉRAL
PERFORMANCE
ET
MOTIVATION

Le message et son émetteur

Au-delà du système et des outils que nous venons de décrire, il existe un dernier facteur décisif de l'efficacité en matière de communication et d'information dans l'unité. Il s'agit du responsable lui-même, de sa personne et de ce qui émane d'elle.

Etre positif, joyeux, dynamique : slogan « tarte à la crème » peut-être, mais néanmoins essentiel à la qualité des relations quotidiennes. Un responsable négatif, critique, las, fatigué, stressé, qui se plaint, ne pourra pas faire passer un message mobilisateur et dynamisant.

Le corps du manager, son *look*, sa forme physique sont également déterminants. Il ne s'agit pas de copier un modèle quelconque, de définir des standards de mannequin faisant de la publicité pour un *after-shave* de marque.

Chacun son style et, surtout, son authenticité.

Néanmoins, soigner son apparence, réguler ses nerfs, être frais et dispos sont des éléments essentiels du management.

La cohérence entre le discours (le message) et l'émetteur de ce discours (le médium) est la première garantie de l'efficacité de la communication.

Cette congruence entre le discours et le locuteur est permise par la positivité qui, elle-même, repose sur quelques règles simples :

- Etablir des relations d'équivalence avec ses collaborateurs. Le pouvoir hiérarchique n'a pas besoin d'être réaffirmé en permanence. Etre reconnu, c'est-à-dire ne pas avoir besoin d'utiliser son pouvoir, est le seul véritable pouvoir.
- Ne jamais critiquer, devant son équipe, ses collègues ou supérieurs hiérarchiques. Cet aveu de faiblesse n'est jamais réellement apprécié, il déstabilise les collaborateurs, décrédibilise les décisions et orientations de l'entreprise. Bref, il démotive.
- Eviter d'entrer en rivalité, c'est-à-dire en guerre, avec une autre unité ou département de l'entreprise.

  Il peut être avantageux, à court terme, de souder une équipe contre une autre pour satisfaire son ambition personnelle ou détourner la négativité vers des boucs émissaires externes ; à moyen terme, ce n'est jamais payant, les conflits reviennent par effet *boomerang*.

- Réguler ses états d'âme, son stress, ou sa propre démotivation. Le manager opérationnel n'a pas à utiliser ses collaborateurs comme confidents, il a un responsable pour ça.

5.

FORMATION ET DÉLÉGATION

Nous ne concevons pas les notions de formation et de délégation de manière dissociée. Elles s'articulent conceptuellement et pratiquement au sein du management opérationnel.

La formation et la délégation suscitent régulièrement chez les responsables des attitudes défensives. Ils évoquent une culture d'entreprise défavorable, la complexité des relations de pouvoir, des enjeux difficiles à identifier chez les différents acteurs concernés.

Dépasser ces positions défensives, avoir la volonté et la capacité de former et déléguer, permettent au manager d'être crédible vis-à-vis de ses collaborateurs. Il doit donc s'approprier ces deux concepts, identifier leurs objectifs et leurs caractéristiques respectives, mais aussi maîtriser leur mise en œuvre.

I – DEUX NOTIONS COMPLÉMENTAIRES

Former, c'est transmettre (et faciliter l'appropriation) des connaissances (savoir) des méthodes et techniques (savoir-faire) et *in fine*, développer les capacités d'une personne.

La formation dans l'entreprise est une donnée stratégique. Généralement, elle est définie en fonction d'un plan à moyen terme ou d'un projet.

Elle est conçue comme un moyen d'adaptation et de développement par l'accroissement des compétences des collaborateurs. En clair, lorsqu'un dirigeant investit dans la formation, les finalités attendues sont :

- contribuer à l'efficacité collective,
- préparer aux évolutions,
- prévenir les inadaptations.

La formation en situation de travail (« sur le tas »), réalisée par le responsable opérationnel lui-même au sein de l'unité, accompagne, certes, ces grandes priorités, mais elle répond surtout à des préoccupations plus prosaïques.

Son objectif prioritaire est de permettre à tous de maîtriser leur emploi, afin qu'ils contribuent efficacement aux résultats de l'unité.

La formation pour le manager opérationnel consiste à transmettre au quotidien son expérience pour :

- développer et renforcer les compétences des membres de l'unité et ainsi favoriser leur intégration, leur polyvalence et leur adaptabilité face aux changements,
- corriger et réajuster les savoir, les savoir-faire, les savoir-être et ainsi prévenir les erreurs et les non-qualités.

Cette formation *in situ*, réalisée par le responsable opérationnel dans le cadre de la vie quotidienne de l'unité, donne un sens et une efficacité au plan de formation de l'entreprise. Sans elle, les différentes actions (stages ou séminaires) organisées par l'échelon central, quelle que soit leur qualité, s'avéreront très insuffisantes. C'est, bien entendu, de cette fonction de formateur du responsable opérationnel dont nous allons traiter exclusivement.

Déléguer consiste à confier à un collaborateur, une tâche, une activité ou une mission avec les pouvoirs de décision y afférents, selon des règles de fonctionnement et de contrôle clairement précisées.

La délégation est avant tout un choix organisationnel conduisant à une plus grande efficacité par :

- la réduction du délai entre l'exécution d'une tâche et la décision,
- l'amélioration du service client (liée au rapprochement de la décision de l'opération),
- le gain de temps issu de la disparition d'un contrôle *a priori* (souvent réalisé par le responsable en personne).

La délégation est aussi un levier motivationnel essentiel. Elle responsabilise les collaborateurs et développe progressivement leur autonomie. Il s'agit d'une sanction positive, qui témoigne de la reconnaissance des efforts et des résultats d'une personne, et qui, non seulement, ne coûte rien à l'entreprise, mais encore, peut lui rapporter gros. Il serait vraiment dommage de s'en priver par routine, esprit procédurier ou de « petit chef » d'un autre âge.

Une confusion fréquente, issue d'une vision juridique ou du concept mal compris de décision, réduit la délégation à un pouvoir de signature ou à une possibilité de choix ayant des incidences financières et/ou budgétaires.

La délégation, le plus souvent, conduit simplement au transfert d'un contrôle opérationnel à l'exécutant, le responsable conservant toujours le contrôle *a posteriori* des résultats.

L'interaction entre formation et délégation

Le résultat escompté de tout acte de formation est d'accroître les compétences d'un collaborateur afin qu'il maîtrise son poste de travail.

Ce faisant, mieux maîtriser son emploi déterminera chez lui une plus grande confiance (en lui et dans l'avenir), un engagement plus important dans la vie de l'unité, une plus grande motivation.

Il attendra de son supérieur hiérarchique qu'il le responsabilise, qu'il définisse de nouvelles règles de jeu et de nouvelles relations de travail, c'est-à-dire qu'il délègue.

Déléguer, c'est-à-dire responsabiliser et développer l'autonomie des collaborateurs, suppose qu'en amont aucun doute ne subsiste sur les compétences du délégataire.

La formation, même un simple affûtage très opératoire, constitue donc une variable, une des règles du jeu permettant une mise en œuvre efficace de la délégation.

Ces deux notions sont complémentaires, elles se répondent et entrent en interaction.

La formation est un investissement sans retour si elle ne se finalise pas, par un accroissement des délégations.

La délégation n'aura pas les bénéfices escomptés, au contraire elle présentera de nombreux risques si elle ne s'appuie pas sur la formation comme moyen de sa mise en œuvre.

Tableau 32 : l'intéraction entre formation et délégation.

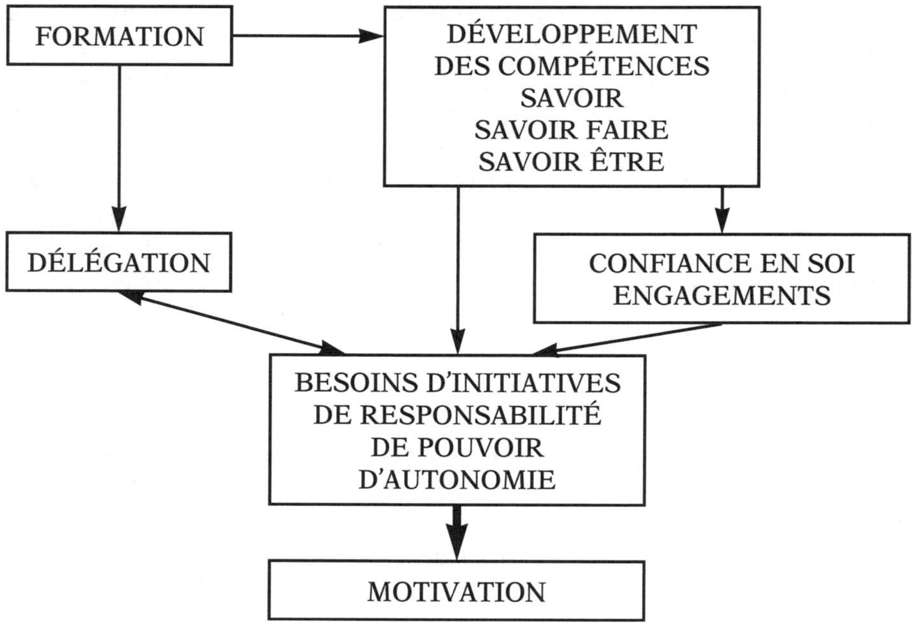

Le plan interne de formation et de délégation

De l'intégration d'un débutant à sa promotion, il existe de nombreuses opportunités de formation et de délégation.

En effet, ces actions peuvent se réaliser à l'occasion :

- d'un changement dans l'équipe (recrutement, démission, promotion),
- d'une réorganisation et/ou restructuration,
- d'un événement particulier ou d'une situation de crise,
- d'une implantation de nouvelles activités,
- d'une redéfinition des postes et d'une attribution de nouveaux moyens,
- de mauvais résultats.

La logique voudrait que le responsable d'encadrement saisisse ces opportunités, réagisse le plus rapidement possible à ces événements afin de gérer au mieux son unité.

Il est préférable de penser la question de manière systématique et permanente. Pour cela, le responsable peut s'appuyer sur un outil simple à concevoir : **le plan interne de formation et de délégation**.

Cette méthode a un triple objectif :

1 – Identifier les actions de formation et de délégation prioritaires au sein de l'unité.
2 – Préparer des projets de formation et de délégation réalistes et pertinents pour chaque collaborateur.
3 – Assurer une cohérence générale au niveau de l'unité et ainsi mieux piloter les actions de formation et de délégation.

Le plan interne peut être représenté à l'aide d'un tableau faisant apparaître pour chaque collaborateur direct, membre de l'unité :

- un constat de l'existant en termes de niveaux de compétence et d'autonomie pour les activités réalisées,
- un projet en terme de formation permettant une progression dans les compétences et l'autonomie, c'est-à-dire vers la délégation.

Pour construire ce tableau, le responsable d'encadrement s'appuiera sur les conclusions issues de l'utilisation d'outils comme le Tableau des Compétences Acquises, le diagnostic de maturité professionnelle ou la fiche de poste décrits précédemment.

Méthode d'élaboration du plan interne de formation et de délégation

1 – La situation actuelle

Cette rubrique décrit la réalité professionnelle du collaborateur sous l'angle :

De l'ancienneté dans le poste

Il s'agit ici de noter depuis combien de temps la personne occupe ce poste, en mois ou en années.

Tableau 33 : le plan interne de formation et de délégation.

TABLEAU RÉCAPUTULATIF

PLAN INTERNE DE FORMATION ET DE DÉLÉGATION

	SITUATION ACTUELLE				SITUATION FUTURE			
Collaborateur (nom)	Ancienneté dans le poste	Activités ou tâches	Niveaux d'autonomie	Niveaux de contrôle	Actions de formation	Niveaux de compétence	Niveaux de contrôle (en fonction des délégations)	Activités ou tâches nouvelles (+ leur niveau de contrôle)

Des activités ou tâches

Il s'agit ici de formuler succinctement et précisément les activités et/ou les tâches permanentes et significatives exercées par le collaborateur.

Il ne faut pas prétendre être exhaustif ni faire un catalogue inexploitable ; trois à cinq activités et/ou tâches principales sont un maximum, sachant que l'analyse pour chaque collaborateur doit être faite activité par activité et tâche par tâche.

Des compétences et des motivations (niveau d'autonomie)

Il s'agit ici de faire le bilan des compétences et des motivations manifestées dans la tenue de l'emploi. Nous pouvons donc utiliser un système de cotation de type :

A1 : ni motivé, ni compétent par rapport à l'activité ou la tâche
A2 : motivé mais peu compétent
A3 : compétent mais peu motivé
A4 : compétent et motivé

Du niveau de contrôle

Il s'agit ici de formuler le niveau de contrôle du collaborateur dans la réalisation de ses activités et/ou tâches. Il suffit d'utiliser la cotation suivante pour renseigner cette rubrique :

Tableau 34 : les niveaux de contrôle.

Niveau 1 : la personne exécute des tâches et/ou activités, elle ne prend pas de décisions. Le contrôle sera effectué sur la bonne ou mauvaise réalisation des activités et/ou tâches.

Niveau 2 : la personne dans le cadre d'une activité prend des décisions. Elle sera contrôlée *a priori* ou avant mise en œuvre sur la pertinence de ses décisions.

Niveau 3 : la personne doit atteindre des objectifs. Elle ne rend compte que de ses résultats et sera contrôlée uniquement sur ceux-ci.

2 – *La situation future*

La conception de cette rubrique se situe dans la même logique. Par contre, il s'agit de formuler ce qui serait souhaitable dans l'absolu en ne préjugeant pas des décisions ultérieures.

Actions de formation :

Il faut noter précisément les actions de formation interne (et éventuellement externe) qui permettraient au collaborateur d'acquérir un niveau de compétence plus grand dans les activités et/ou tâches.

Compétences

Il s'agit ici d'indiquer le niveau des compétences nouvelles attendues à l'issue des formations (soit une compétence partielle, soit une compétence totale). Nous pouvons donc utiliser un système de représentation du type T.C.A. (Tableau des Compétences Acquises) :

	Compétence totale
	Compétence partielle
	Pas de compétence

Niveau de contrôle

Il s'agit ici de formaliser le niveau de contrôle auquel le collaborateur pourrait accéder en fonction du niveau de compétence nouvellement acquis et des délégations nouvelles accordées.

Activités ou tâches nouvelles et niveau d'autonomie

Il faut ici formuler les tâches nouvelles confiées au collaborateur et le niveau de contrôle souhaité vis-à-vis de ces nouvelles attributions.

Nous considérons ici une situation où le collaborateur a un niveau de contrôle type 3 dans l'ensemble des activités et/ou des tâches qui lui sont actuellement confiées. Il convient d'enrichir son poste par l'attribution de nouvelles réalisations et d'éviter ainsi routine et lassitude.

En conclusion, soulignons que cet outil ne doit en aucun cas générer un trop grand formalisme dans la pratique managériale du responsable. Il a la simple prétention de l'aider à clarifier, formaliser et choisir, de manière pertinente, ses actions de formation et de délégation.

II – LES TECHNIQUES DE FORMATION EN SITUATION DE TRAVAIL

Pour former les collaborateurs en situation de travail, le responsable opérationnel a, à sa disposition, les méthodes suivantes :

- le *briefing* individuel,
- le *briefing* collectif,
- la formation par la démonstration,
- la réalisation conjointe,
- le *coaching*,
- la réunion de formation dans l'unité.

Son choix sera dicté par l'objectif, le contexte de réalisation et les caractéristiques de chaque technique. Nous nous proposons de présenter ces méthodes sous l'aspect de fiche signalétique reprenant, après une brève définition, les critères de choix évoqués ci-dessus.

◥ Le *briefing* individuel

Définition

Le concept de *briefing* provient du langage militaire, il consiste dans cette acception à fournir à des pilotes des instructions relatives à leur mission avant que ceux-ci n'embarquent dans leurs appareils.

Par extension, le *briefing* individuel est une méthode qui permet de communiquer à un collaborateur des informations opérationnelles dans le cadre d'une activité ou d'une mission.

En fait, il s'agit plus d'un acte de transmission d'informations que de formation à proprement parler (nous avons déjà évoqué cette question).

Objectif

A l'issue du *briefing*, le collaborateur doit s'être approprié les savoirs complémentaires propres à une meilleure maîtrise de l'activité confiée.

Contexte de réalisation

Le *briefing* individuel est une technique adaptée dans le cadre d'un réajustement des connaissances des collaborateurs après le constat par le responsable d'un dysfonctionnement dans la réalisation d'une tâche et/ou d'une activité.

Le *briefing* est donc provoqué le plus souvent par le responsable. Il peut parfois être initié par le collaborateur. Il dépasse alors le cadre strict du réajustement de connaissances et répond généralement au besoin de progression du collaborateur dans la maîtrise totale d'une activité et/ou tâche.

Le collaborateur doit maîtriser les connaissances de base nécessaires à la réalisation de l'activité. Dans tous les cas, cette méthode est inadaptée pour former un collaborateur ou un débutant à des connaissances nouvelles.

Caractéristiques

C'est une technique **curative** (en cas d'erreur ou de non respect d'une règle) dont la souplesse de mise en œuvre permet une amélioration et une correction instantanées. Le *briefing* est :

- ***immédiat*** dans sa planification, c'est-à-dire provoqué dès qu'un dysfonctionnement est constaté,
- ***rapide et léger*** dans son exécution, il ne doit pas dépasser une durée de 15 minutes,

- ***monothématique***, il ne nécessite pas de préparation particulière,
- ***directif*** sur le fond et la forme, le responsable doit être néanmoins attentif à la bonne compréhension des informations transmises.

Le *briefing* collectif

Définition

Le *briefing* collectif est une réunion rapide durant laquelle un responsable transmet des informations opératoires à tout ou partie de ses collaborateurs ayant des préoccupations professionnelles communes (le plus souvent, le même emploi).

Objectif

A l'issue du *briefing* collectif, les collaborateurs se seront appropriés des informations précises et opérationnelles qui concernent une activité, une mission ou un savoir-faire collectif leur permettant d'atteindre une réalisation commune.

Contexte de réalisation

Le responsable peut décider de réunir son équipe après un constat de dysfonctionnement d'origine collective ou bien une modification organisationnelle mineure affectant l'ensemble ou une partie de l'unité.

Cette méthode est inadaptée pour toute action importante de changement au niveau de l'unité, par exemple une réorganisation complète, une activité nouvelle à réaliser...

Caractéristiques

Nous retrouvons, pour l'essentiel, les caractéristiques du *briefing* individuel.

Le *briefing* collectif est opérationnel et précis. Son contenu est lié à la réalisation d'une activité. Il permet des améliorations rapides de la performance collective.

Le responsable peut facilement réunir ses collaborateurs à un moment quelconque de la journée pendant une période courte.

Un minimum de préparation est nécessaire : le thème et l'objectif du *briefing* doivent être parfaitement définis.

Le responsable doit être attentif quant à sa manière d'animer. En effet, s'il doit être directif (impératif de rapidité), il doit organiser un échange rapide sous forme de questions à l'issue de l'exposé.

◪ La formation par la démonstration

Définition

Cette technique consiste à présenter à un collaborateur une tâche et/ou une activité et, très concrètement, lui montrer comment la réaliser.

Il peut arriver aussi que le responsable utilise cette méthode de manière collective (rarement plus de deux personnes).

Objectif

A l'issue de la formation par la démonstration, le ou les collaborateurs doivent maîtriser les techniques et méthodes liées à une activité c'est-à-dire s'être appropriés le savoir et le savoir-faire leur permettant efficacité et satisfaction du « client ».

Contexte de réalisation

Cette technique est adaptée pour l'intégration d'un collaborateur débutant dans l'emploi, mais aussi pour ceux qui ne maîtrisent pas l'intégralité d'une procédure et d'une méthode.

A contrario, cela nécessite de la part du responsable une compétence totale dans le domaine concerné. Il devient, de fait, le modèle de référence pour le collaborateur.

Lors de l'introduction d'une nouvelle technologie ou d'une nouvelle activité dans l'unité, cette technique est souvent la plus efficace.

La formation par la démonstration s'applique à des séquences de travail portant sur des savoirs (connaissances) et des savoir-faire (techniques et méthodes). En revanche, cette méthode est inadaptée pour des activités et/ou des tâches nécessitant des savoir-être à exprimer face à des tiers (clients, responsables ou collègues d'autres unités...).

Caractéristiques

Cette méthode nécessite un minimum de préparation et se réalise selon le processus suivant :

- ***Phase I :*** le responsable explique, de manière précise et concrète, la tâche, l'activité, la technique et répond aux questions du collaborateur.
- ***Phase II :*** le responsable réalise devant le ou les collaborateurs ce qu'il vient d'expliquer et vérifie la compréhension de tous.
- ***Phase III :*** le (ou les) collaborateur(s) exécute(nt) à son (leur) tour la séquence de travail sous le contrôle direct du responsable.
- ***Phase IV :*** le responsable, avec la participation de son ou ses collaborateurs, précise les difficultés rencontrées et met en place des actions correctives ; soit il réexplique, soit il effectue une nouvelle démonstration.

La réalisation conjointe

Définition

La réalisation conjointe est une technique de formation en situation de travail implicante et mobilisatrice, dans la mesure où elle met en œuvre une relation personnalisée entre le responsable et le collaborateur. Ce dernier est dans une situation d'apprentissage centrée sur l'appropriation et la reproduction d'une séquence de tâches faisant intervenir des tiers (clients, interlocuteurs externes, internes, ...) et comprenant un versant relationnel important.

Cette technique se situe entre la méthode purement démonstrative qui a, pour objectif principal, de permettre à un collaborateur d'acquérir des savoir et savoir-faire et le *coaching* qui a pour objectif principal la mise en place d'une dynamique de changement du collaborateur tant du point de vue du savoir-faire que des comportements.

Objectif

A l'issue de la réalisation conjointe, le collaborateur devra maîtriser totalement les savoir-faire et les comportements lui permettant de réaliser au mieux l'activité confiée.

Contexte de réalisation

La réalisation conjointe doit être mise en place lorsqu'un collaborateur rencontre des difficultés en termes de savoir-faire et savoir-être c'est-à-dire lorsqu'il n'a pas la maîtrise totale d'une activité tant du point de vue de la technique que des comportements.

Le responsable doit évaluer avec précision le niveau de compétences du collaborateur car la réalisation conjointe suppose une mise en situation réelle en présence de tiers concernés.

Caractéristiques

Le processus pédagogique est le suivant :

- ***Phase I :*** le responsable réalise, en situation réelle et intégralement, la séquence de tâches en présence du collaborateur puis commente avec précision les différentes tâches à accomplir et leurs enchaînements. Il répond aux questions éventuelles posées par le collaborateur.
- ***Phase II :*** phase très rapprochée de la première, le collaborateur est mis en situation réelle devant les tiers concernés et réalise lui-même et seul la séquence de tâches. Cependant, une question se pose : après l'étape initiale d'apprentissage, est-il opportun de laisser le collaborateur réaliser les tâches seul en présence des tiers, ou bien faut-il l'accompagner durant la séquence de travail ?

  Cette deuxième option est plus raisonnable, mais que permet-elle d'évaluer ?

La maîtrise de l'activité et la qualité de l'apprentissage, ou bien la résistance du collaborateur au stress lié à la présence de son responsable direct ?

Il est souvent difficile pour le responsable d'être formateur et évaluateur simultanément.

- ***Phase III :*** le collaborateur informe le responsable de la manière dont il a réalisé la séquence en présence des tiers concernés. Le responsable se positionne dans un rôle d'écoute et de régulation et apporte les éléments correctifs nécessaires, en fonction des commentaires du collaborateur concernant sa propre réalisation.
- ***Phase IV :*** le responsable effectue un contrôle réel et objectif en analysant les réalisations concrètes du collaborateur sur le terrain.

Soulignons un risque possible de la réalisation conjointe : le mimétisme plutôt qu'une réelle appropriation du savoir-être. Le collaborateur est enclin à imiter le modèle proposé par le responsable plutôt que d'intérioriser réellement la technique et les comportements recherchés.

Le *coaching*

Définition

Le *coaching* est un mode de formation très personnalisé. Il s'agit avant tout de mettre en place une dynamique de changement du collaborateur tant du point de vue du savoir-faire que des comportements.

Il est fondé sur une réelle association du collaborateur dans la définition et la mise en œuvre du processus pédagogique. Il est basé sur l'implication du responsable qui a valeur d'exemple et qui exerce une forme de tutorat.

Objectif

A l'issue du *coaching*, le collaborateur doit adopter les nouveaux savoir-faire et savoir-être propres à développer son efficacité dans les activités confiées.

Contexte de réalisation

Le *coaching* doit être mis en place lorsqu'un collaborateur rencontre des difficultés récurrentes dans une tâche et/ou activité qui pénalisent ses résultats et/ou ceux de l'unité (lorsqu'il n'utilise pas ou mal une technique ou n'adopte pas les comportements attendus).

Caractéristiques

Cette méthode s'articule sur trois grandes étapes d'une durée différente selon le type de tâches et la nature des difficultés rencontrées.

Tableau 35 : le *coaching*.

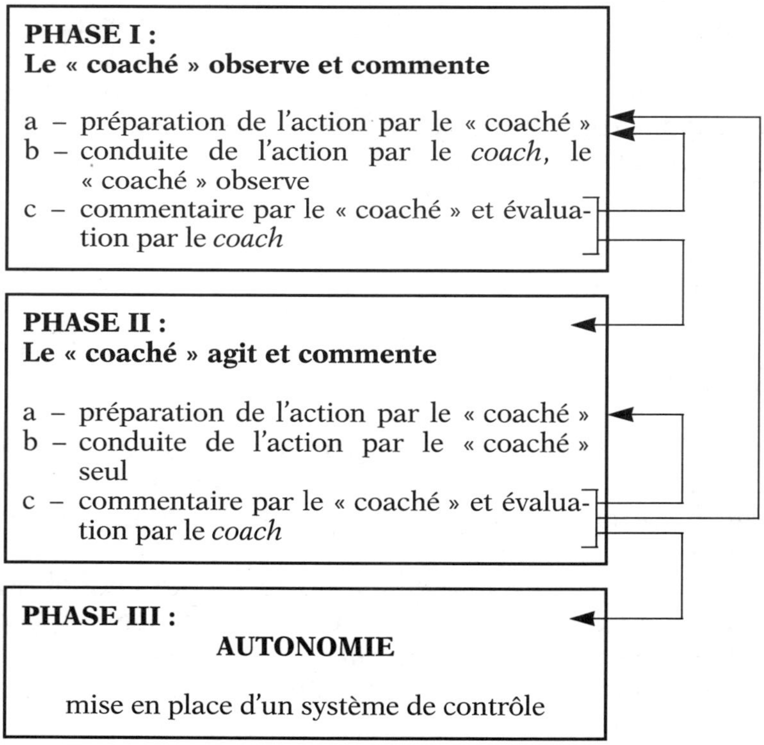

Le but avoué de cette technique est de réaliser un déconditionnement du collaborateur, de l'amener à « désapprendre » avant de « réapprendre » autrement. Il doit changer d'habitude vis-à-vis d'une activité qu'il croyait souvent maîtriser, tant aux niveaux relationnel que méthodologique ou technique.

Plusieurs éléments essentiels doivent être soulignés :

Au cours de la 1ère phase :

- Le collaborateur doit être associé activement à la préparation de l'action et à l'analyse de la situation (par exemple, prendre le rendez-vous avec le client, rédiger une fiche relatant l'historique de la relation, les caractéristiques principales, les objectifs à atteindre).
- A l'issue de la régulation, le responsable décidera soit une itération soit le passage à la phase II, avec les meilleures garanties de succès.

Au cours de la 2e phase :

- Le responsable devient un observateur attentif. Les moments de régulation et d'échange autour de l'action (avant et après) sont au moins aussi importants dans le processus d'apprentissage que l'action elle-même. Ils permettent :

  - de développer un comportement actif lors de la phase d'observation,
  - de stimuler l'esprit d'analyse,
  - de favoriser l'appropriation,
  - de mesurer le degré de compréhension du « coaché ».

- Lors des entretiens de préparation et de compte rendu, le manager doit s'attacher à développer la confiance du « coaché » en valorisant les points positifs, en permettant au collaborateur, à travers des questionnements, de percevoir et d'expliquer les points négatifs et de définir les moyens pour y remédier. Il doit aussi développer son autonomie en évitant d'intervenir pendant la réalisation, en admettant les échecs.

Au cours de la 3e phase :

Le responsable, avec le collaborateur, définit des objectifs et met en place un système de suivi et de contrôle afin de mesurer l'efficacité du *coaching* et les résultats obtenus.

La réunion de formation dans l'unité

Définition

Cette technique de formation sur le lieu de travail est pédagogiquement assez classique.

En effet, il s'agit de réunir un groupe de collaborateurs concernés par un même thème de travail et d'organiser une séance de formation, animée par le responsable de l'unité.

Objectif

A l'issue de la réunion, les collaborateurs ont acquis des connaissances et des techniques leur permettant de mieux maîtriser leur emploi et ainsi d'atteindre un objectif commun.

Contexte de réalisation

Cette méthode est adaptée dans le cadre d'un manque de résultat dû à un manque de maîtrise collective d'une technique, d'une tâche ou d'une activité mais aussi face à l'attribution d'une nouvelle mission.

Caractéristiques

C'est au responsable de préparer cette réunion pédagogique c'est-à-dire d'en définir le T.O.P. (Thème, Objectif, Plan).

- ***le Thème*** *:* de quoi allons-nous parler ?
- ***l'Objectif*** *:* c'est le résultat attendu à l'issue de la réunion de formation c'est-à-dire l'objectif pédagogique,
- ***le Plan*** *:* les différentes étapes intermédiaires par lesquelles il faut passer pour atteindre l'objectif.

Trois étapes doivent scander toute réunion de formation :

I – Information

Pendant cette période, le responsable expose le contenu (concepts, techniques, méthodes) en veillant à ce que chaque participant comprenne les apports qu'il présente.

II – Débat/discussions

Le responsable veille à ce qu'une réelle discussion ait lieu pour que les participants s'approprient le contenu. Il encourage les interactions et les échanges entre participants. Cette dimension collective est essentielle.

III – Décisions d'actions

Il s'agit généralement de choisir des actions d'amélioration et leurs futures étapes de mise en application.

Le responsable est directif sur le fond et semi-directif sur la forme. A l'issue de chaque étape du plan, le responsable effectue un « renvoi au groupe » afin de s'assurer de la compréhension des participants.

La durée d'une réunion de formation varie en fonction de l'objectif défini, elle peut être raisonnablement comprise entre 30 minutes et 1 heure 30.

III – LA DÉLÉGATION : UNE MÉTHODOLOGIE RIGOUREUSE

La délégation doit apporter au responsable opérationnel une plus grande sérénité et un plus grand recul dans la gestion de son unité, à la condition impérieuse de s'appuyer sur une démarche rigoureuse et méthodique. La délégation ne s'inscrit pas dans un mode de relation informel ; elle ne relève pas de l'impulsion ; elle est préparée, définie, formalisée, exercée et suivie.

La démarche générale de délégation

Le schéma ci-après présente l'ensemble des étapes à respecter pour réussir une délégation. Nous allons reprendre et développer chacune des phases préconisées tant du point de vue technique que relationnel.

Tableau 36 : récapitulatif des techniques de formation en situation de travail.

		Objectifs	Contexte de réalisation	Caractéristiques
Techniques individuelles	*Réalisation conjointe*	Modifier les savoir-faire et comportements (savoir-être)	– Problème de comportements et d'attitudes – Manque de maîtrise totale dans une activité	1 – Le responsable réalise 2 – Le collaborateur réalise seul 3 – Régulation et action correctrice 4 – Suivi des résultats
	Coaching	Changer globalement les pratiques du collaborateur (savoir-faire et savoir-être)	– Difficultés récurrentes chez un collaborateur	1 – Le coaché observe et commente 2 – Le coaché agit et commente – Association importante avec le coaché
Techniques individuelles ou collectives (par emploi)	*Briefing*	Transmettre des informations opérationnelles et méthodologiques (savoir)	– Réajustement de connaissances – Erreur ou non respect d'une règle	– Rapidité et légèreté – Pas de réelle préparation – Préalable requis chez les collaborateurs – Animation directive
	Formation par la démonstration	Maîtriser des techniques et méthodes nouvelles (savoir-faire)	– Intégration d'un nouveau – Difficultés dans la réalisation d'une activité – Nouvelle technologie ou activité	1 – Explication 2 – Démonstration 3 – Réalisation 4 – Correction Ne pas être censeur
Techniques collectives	*La réunion de formation*	Transmettre des informations pratiques. Elaborer de manière participative des plans d'action (savoir + savoir-faire)	– Manque de maîtrise collective d'une activité – Problème de résultats – Nouvelles activités ou missions	– Durée supérieure à 30 mn – Définition précise : • d'un Thème • d'un Objectif • d'un Plan – Techniques d'animation de groupe : • directivité sur le fond • semi-directivité sur la forme

Tableau 37 : la démarche générale de délégation.

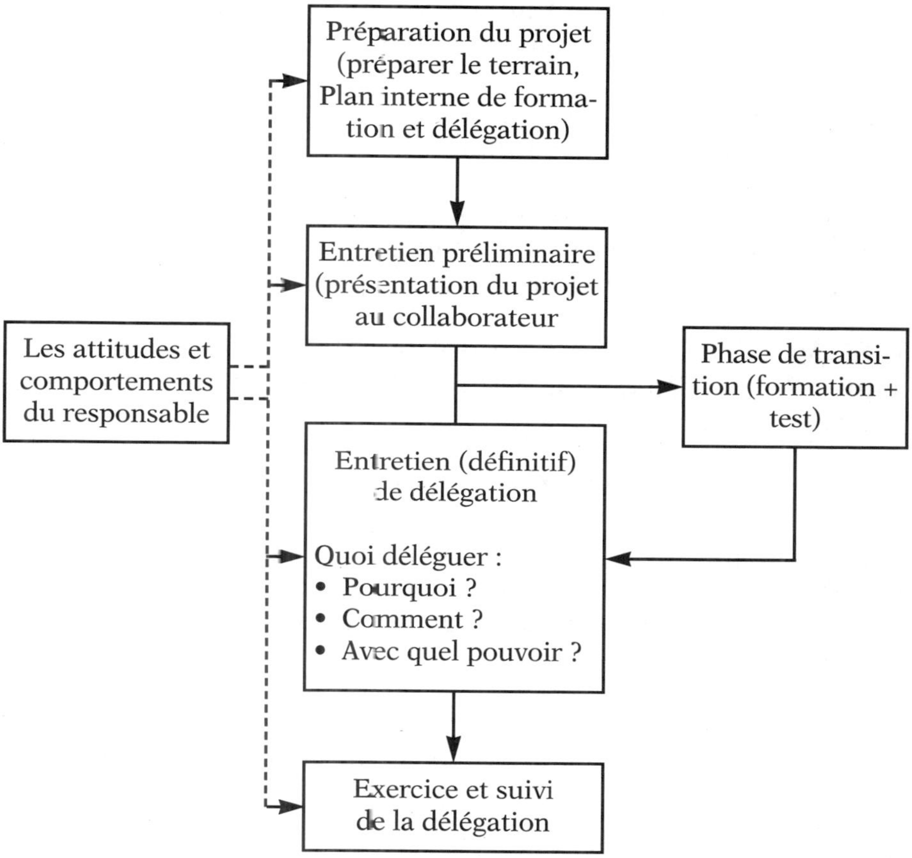

La préparation d'un projet de délégation

Elle repose sur 3 aspects principaux :

- créer un terrain (un climat général) propice à la délégation,
- définir précisément les tâches et/ou activités prioritaires à déléguer (Quoi déléguer ?),
- choisir la (ou les) personne(s) susceptible(s) d'assumer la délégation avec la plus grande pertinence.

Un terrain propice

La délégation efficace ne « pousse » que dans un climat d'information permanent des membres de l'unité sur :

- les objectifs généraux de l'entreprise,

- les objectifs spécifiques de l'unité,
- l'organisation de l'unité (et de l'entreprise),
- les relations en amont et en aval avec les autres unités.

Préparer le terrain nécessite aussi de pratiquer une gestion des ressources humaines fondée sur :

- le contrôle et l'appréciation des résultats,
- la stimulation des performances,
- la sanction des insuffisances chroniques.

Si ces conditions sont nécessaires, elles ne sont pas suffisantes. Il faut également définir très précisément « quoi déléguer » et « à qui ».

Le choix des tâches et/ou activités à déléguer

Le plan interne de formation et de délégation s'avère, ici, un outil essentiel qui répond à cette question.

De plus, il offre l'avantage de « tordre le cou » à deux idées reçues :

- « La délégation, c'est d'abord permettre au responsable de se décharger d'une de ses propres tâches sur un collaborateur »,
- « La délégation, c'est affecter une tâche ou une mission nouvelle à un collaborateur. »

Dans un premier temps, et avant toute chose, la délégation consiste à élever le niveau de responsabilité des collaborateurs sur les tâches et activités qu'ils assument déjà. Il s'agit de passer du « contrôle à la tâche » au « contrôle du résultat ». Ce faisant, le responsable se trouve libéré d'un certain nombre de vérifications quotidiennes.

Ce n'est que dans un deuxième temps, lorsqu'un collaborateur est au niveau 3 de contrôle pour l'ensemble de ses activités, que l'on peut envisager la délégation comme le transfert d'une tâche ou d'une mission nouvelle.

Le choix du collaborateur

Le plan interne de formation répond également à cette question. Toutefois, il nous semble essentiel de rappeler trois règles simples :

– La délégation n'est pas un outil de remotivation ; au contraire, elle récompense une performance et des efforts, elle reconnaît la compétence et lui donne le niveau d'autonomie adapté.
– La délégation doit rapprocher la décision de l'opération ; il ne s'agit pas de transférer un contrôle à la hiérarchie intermédiaire, mais de responsabiliser l'opérateur.
– Une délégation, accordée à un collaborateur efficace, peut créer des jalousies, voire des conflits, vis-à-vis des autres personnes exerçant le même emploi. Ce risque ne doit en aucun cas freiner la délégation, il alerte sur la nécessité éventuelle d'expliquer le pourquoi et de donner un *challenge*, concomitamment, aux autres collaborateurs concernés.

Une bonne préparation d'un projet de délégation doit, enfin, permettre l'évitement des écueils les plus courants :

– ***Confusion entre délégation et répartition des tâches*** : transférer une tâche nouvelle peut éventuellement enrichir un poste de travail, modifier l'organisation de l'unité, ce n'est en rien déléguer. L'essence de la délégation réside dans le pouvoir de décision nouvellement affecté.
– ***La délégation « poubelle »*** : transférer une tâche à faible valeur ajoutée, ne nécessitant aucune compétence spécifique, n'a jamais valorisé qui que ce soit.
– ***La délégation saturante*** : surcharger un collaborateur efficace, l'écraser sous le poids de l'effort, pendant que ses collègues jouissent du confort de la routine, conduit à l'injustice et au conflit.

Elle clarifie également le projet en termes :

- d'identification des compétences pratiques à acquérir par le collaborateur et de définition d'objectifs de formation,
- de prévision de la durée probable d'apprentissage et de ses modalités de mise en place,
- de mode de suivi à envisager selon les niveaux d'autonomie,
- de recherche d'indicateurs de contrôle.

Ainsi, la préparation d'une délégation permet au responsable de formuler les grands axes du projet et non de le définir de manière parfaite et définitive. Sa présentation, lors de l'entretien préliminaire, s'en trouvera facilitée.

L'entretien préliminaire de délégation

Cet entretien a comme objectif principal de présenter le projet de délégation au collaborateur concerné. Ainsi le responsable doit :

- ***Valoriser le projet*** par des explications claires sur les caractéristiques de la délégation envisagée et par la sensibilisation de la personne sur les possibilités d'amélioration de son efficacité et de son implication.
- ***Décrire brièvement*** le projet de délégation, dans le cadre des objectifs de l'unité :
  - les objectifs spécifiques de la délégation envisagée,
  - les limites : étendue, montant, durée...,
  - le suivi à mettre en place : niveau, points de contrôle, périodicité ;
- ***Créer un climat de confiance*** par une écoute active, afin de sonder les motivations de l'interlocuteur et détecter les réticences éventuelles. Il faut associer la personne au projet, en lui demandant d'étudier elle-même un programme pour la conduite de l'action : moyens à utiliser, difficultés à prévoir...

Cet entretien peut être l'occasion de définir une **phase de transition** (avant l'entretien définitif) qui permet de former le collaborateur par la co-réalisation des activités confiées. C'est un moyen pour le subordonné de se tester et de s'approprier la délégation mais aussi pour le responsable d'identifier des risques éventuels.

De plus, cette phase de réalisation conjointe permet :

- de créer une identité de points de vue et de modes d'approche des situations entre le responsable et le délégataire,
- de renforcer les relations de confiance,
- de présenter le délégataire aux interlocuteurs éventuels (clients, responsables d'autres unités...) avant la délégation proprement dite,
- de préparer et d'informer le reste de l'équipe.

Cette période de transition n'est pas obligatoire dans tous les cas, même si elle s'avère le plus souvent indispensable. Elle doit être courte (d'un jour à un mois), il ne s'agit pas de former *ex nihilo* un collaborateur que l'on a choisi justement pour ses compétences, mais d'ajuster les modes d'appréhension des problèmes et de perfectionner des savoir-faire.

Rappelons qu'une délégation se négocie, elle ne s'impose pas. Elle doit parfois être « vendue » à un collaborateur réticent, pour de multiples raisons :

- peur de la surcharge de travail (le responsable doit avoir préalablement apprécié le poids de cette nouvelle charge et dans certains cas être prêt à retirer une autre tâche),
- peur de la responsabilité (le responsable assume la prise de risque et reste responsable vis-à-vis des tiers -hiérarchie, clients, ...),
- peur de l'exploitation (une délégation ne se monnaye pas, il s'agit d'un plus en terme de responsabilité ; en cas de réussite, elle peut contribuer à une évolution de carrière, mais elle ne doit pas être rétribuée en tant que telle).

A l'issue de la phase de transition et/ou d'un temps de réflexion (une semaine ou deux), un entretien définitif doit fixer le cadre de la délégation.

L'entretien définitif de délégation

L'objectif de cet entretien est de finaliser la délégation. Là encore, le responsable doit être très attentif à la relation qui s'instaure et doit nouer un contrat de confiance avec le collaborateur. Il devra le réaliser par la mise en place d'une réelle négociation.

Les points clés à retenir dans cet entretien sont les suivants :

- formaliser l'accord des deux parties ; le délégataire n'a pas changé d'avis à l'issue de la phase de transition, le délégataire accepte réellement la délégation, il est acheteur ;
- déterminer les objectifs à atteindre, en termes de quantité, qualité, délai et coût (condition *sine qua none* d'un contrôle des résultats) ;

- définir précisément les tâches à accomplir, les moyens affectés et les possibilités de recours en cas d'imprévus ou de difficultés ;
- mettre en exergue le (ou les) pouvoir(s) de décision accordé(s) et les limites y afférent ;
- préciser les indicateurs de mesure des résultats et fixer la périodicité du suivi (à quel moment et sur quoi portera le contrôle).

Une réelle négociation, rendue possible par l'entretien préliminaire, la période de réflexion et, éventuellement, la phase de transition, peut et doit avoir lieu. Si le délégataire n'est pas acteur, s'il n'argumente ou n'objecte pas au cours de cet entretien, la délégation n'est pas bien partie, du moins peut-on le supposer.

Une fiche de délégation formalisée, précise et synthétique, peut s'avérer utile (tout dépend de l'importance de la délégation et de sa complexité) pour résumer les décisions arrêtées au cours de l'entretien définitif et éviter les oublis, les malentendus, les confusions, voire les conflits ultérieurs.

L'exercice et le suivi de la délégation

Pour optimiser les chances de réussite de la délégation, le responsable opérationnel doit s'attacher durant sa réalisation à :

- ***Entretenir la relation de confiance,*** en respectant la règle de la responsabilité. Le délégataire est responsable de ses actes devant le délégateur (et seulement lui) qui reste le responsable vis-à-vis des tiers (hiérarchie et clients). En cas d'erreur, rejeter la responsabilité sur son collaborateur même défaillant est injuste, la première erreur a été de le choisir pour délégataire.
- ***Accorder une vraie autonomie*** en respectant la règle de non-ingérence et de droit à l'erreur : le délégataire est libre de ses méthodes, de son rythme et des moyens qu'il emploie. Il faut s'interdire toute intervention dans le domaine confié, afin de laisser les collaborateurs (choisis parce qu'ils sont capables) décider seuls. Il faut même lutter contre soi-même, ne répondre aux sollicitations et aux demandes d'aide qu'avec parcimonie, tenter d'ame-

Tableau 38 : modèle de fiche de délégation.

INTITULÉ DE LA DÉLÉGATION :
OBJECTIF : Indicateurs (de quantité, qualité, coût, délai) : – – – –
TÂCHES : – – –
POUVOIR DE DÉCISION : – – limites : – – possibilité de recours : – –
CONTRÔLE : périodicité (les différentes échéances) : – – – résultats attendus (hiérarchisation échéancée des indicateurs) : – – – –

ner la personne à trouver elle-même la réponse à ses difficultés.

Notons, cependant, que le responsable peut être conduit à neutraliser en temps utile des erreurs graves de conséquences. Il doit s'efforcer, alors, d'avoir une attitude formatrice et non punitive.

Laisser le droit à l'erreur n'implique pas de laisser le collaborateur livré à lui-même. Le délégateur ne saurait se désintéresser des actions de ses subordonnés. Même s'il doit s'efforcer d'en limiter autant que possible l'usage, il garde la possibilité, lorsqu'on le lui demande, de donner des indications ou de faire des remarques. Dans une certaine mesure, cela peut avoir l'effet bénéfique :

- d'assurer ses collaborateurs de son soutien, de son appui,
- de lui permettre de prévenir certains écueils graves et/ou de corriger immédiatement tout écart trop important.

Il pourra même être obligé d'interrompre le processus de délégation dans des cas d'urgence où les circonstances l'imposent. Il lui est toujours loisible de retirer la délégation, de l'étendre ou d'en modifier les modalités, mais cela ne doit être fait qu'en cas de force majeure.

Le retrait définitif de la délégation ne se justifie que pour des motifs graves relatifs à la personnalité du « délégataire ». Le retrait temporaire peut être justifié dans certaines situations de crise.

– ***Réaliser un suivi, selon les modalités définies***. Le respect de la périodicité du contrôle est une évidence. La nature du contrôle doit également s'appuyer exclusivement sur les indicateurs préalablement déterminés. Il arrive fréquemment que des indicateurs soient oubliés ou émergent dans les esprits au cours de l'exercice de la délégation. Ils ne peuvent en aucun cas servir de mesure pour la période écoulée même s'ils viennent préciser la nature du contrôle pour la suite des événements.

Au cours de ces entretiens de suivi, le responsable opérationnel doit savoir écouter, remettre en cause ses propres pratiques, rechercher des solutions communes et maintenir la clarté du contrat.

La formation et la délégation ou le succès partagé

La formation et la délégation ne présentent que des avantages.

Les collaborateurs y puisent une énergie motivationnelle nouvelle, car elles répondent à la fois :

- à leur besoin de sécurité (l'acquisition et le développement de leurs compétences accroissent la pérennité de leur emploi ou leur polyvalence),
- à leur besoin d'appartenance et d'échanges (elles sont source de communication, d'information, d'entretiens, de réunions),
- à leur besoin de développement (elles favorisent l'autonomie, l'initiative, la variété du travail, la responsabilité et la prise de décision).

L'entreprise y trouve également son compte par :

- une amélioration du taux de recouvrement des activités,
- une plus grande fluidité dans la mobilité du personnel au sein des unités,
- la responsabilisation de tous et ainsi le dépassement des clivages entre d'une part « les exécutants », d'autre part « les décideurs »,
- une synergie, une cohésion et de meilleures relations entre les personnes, fondées sur la confiance,
- une meilleure adaptation aux changements par le développement des compétences et de l'implication de tous.

Les responsables opérationnels n'ont plus qu'à agir dans ce sens ! Encore faut-il qu'ils soient eux-mêmes formés et qu'ils trouvent dans leur propre hiérarchie l'exemplarité souhaitable.

6.

STIMULATION ET APPRÉCIATION *

Le management opérationnel ne se résume évidemment pas à la fixation d'objectifs et à la mise en place d'une organisation efficace. Encore convient-il de dynamiser son équipe, d'en suivre et d'en contrôler les résultats. Nous allons décrire la mise en place d'un véritable système managérial de stimulation dont chaque élément fonctionne en synergie avec tous les autres.

Apprécier signifie d'abord évaluer chacun de ses collaborateurs en fonction de leur emploi et de leurs objectifs respectifs. Cette évaluation permanente est l'une des activités essentielles de tout responsable opérationnel. C'est en tout cas celle qui requiert une vigilance de chaque instant. Pour être pleinement efficace, elle implique un haut niveau de savoir-faire organisationnel et relationnel et l'usage délibéré de la technique des stimulations.

Apprécier désigne ensuite un système qui se résume à un entretien approfondi – l'entretien annuel – débouchant sur un dossier dûment rempli par le responsable d'unité qui, d'une part, formalise les éléments significatifs de l'année professionnelle de chaque collaborateur et qui, d'autre part, précise par le biais d'objectifs individuels de production, opérationnels ou de progrès le cadre de l'année à venir.

Les deux sens du concept d'appréciation – l'usage permanent de la technique de stimulation et l'entretien annuel – se complètent et se renvoient constamment l'un à l'autre. Plus encore, chaque sens ne prend sa valeur pleine qu'en fonction de l'autre sens. Sans stimulations périodiques étayées sur des faits, l'entretien annuel risque d'apparaître inutile et incer-

---

* Stéphane Ferret, consultant de CARDINAL CONSEIL, a conçu ce chapitre.

tain. Sans entretiens approfondis, les stimulations échangées risquent de se perdre dans les sables des intentions vaines. Par contre, si la technique de stimulation et l'entretien annuel sont réellement mis en œuvre par le responsable d'unité, alors toutes les conditions sont réunies pour que l'encadrement réponde à sa double vocation d'efficacité et de motivation.

Cette synthèse managériale est ce que nous nommons le cycle permanent de l'appréciation. Après avoir exposé la technique de stimulations, nous aborderons l'entretien annuel qui ne prend tout son sens qu'à la condition de s'insérer effectivement dans un système managérial de suivi cohérent et complet.

I – LA TECHNIQUE DE STIMULATION : CLÉ DE VOÛTE DU MANAGEMENT RELATIONNEL

A la question : comment un responsable peut parvenir à motiver ses collaborateurs ? deux réponses s'imposent dans le cadre du management opérationnel.

La première est fournie par le management lui-même dont nous ne dirons jamais assez que c'est lui qui permet, sinon de motiver pleinement, du moins d'entretenir les motivations existantes. Pour motiver, il convient d'encadrer, c'est-à-dire mettre en place au sein de son unité les dix actions concrètes du management, de la fixation d'objectifs au suivi et à l'appréciation des résultats.

La seconde réponse possible renvoie à la technique de stimulation qui constitue probablement l'essence même du management opérationnel. C'est en effet par le biais d'échanges réguliers sur le travail effectué par chacun de ses collaborateurs que le responsable opérationnel va pouvoir optimiser l'efficacité de son unité et favoriser l'émergence d'un climat favorable.

L'usage permanent de la technique de stimulation est indispensable dans la mesure où la fixation d'objectifs clairs et l'élaboration d'une organisation efficace ne suffisent pas à enclencher l'action. Pour utiliser une métaphore marine, si les objectifs sont le cap à suivre et l'organisation le navire lui-même, les stimulations sont le souffle qui fait gonfler les voiles et mener le navire à bon port. En d'autres termes, les comportements du responsable opérationnel à l'égard de ses collaborateurs vont déterminer en grande partie la réussite ou l'échec de l'unité tout entière.

Cependant, la technique de stimulation est particulièrement délicate à maîtriser. Elle repose à la fois sur de fortes capacités relationnelles et une certaine rigueur morale. En outre, elle ne correspond généralement pas à un savoir-faire habituel des responsables. Ainsi, cette technique bien qu'indispensable n'est pas fréquemment utilisée de façon optimum par les managers qui n'en voient pas forcément l'intérêt et qui, dans ce domaine, ont trop souvent tendance à reproduire, plus ou moins consciemment, la façon dont ils sont eux-mêmes stimulés par leur propre supérieur.

Le besoin de stimulation

La nécessité de mettre en œuvre au sein de son unité une technique de stimulation repose sur un constat clinique simple : les stimulations sont un des besoins fondamentaux de l'espèce humaine. Au même titre que la nourriture, le sommeil, la chaleur, l'homme en tant qu'être social a besoin de sens et de reconnaissance. Les échanges réguliers avec les membres de notre entourage sont une nécessité vitale. Qu'il s'agisse de notre famille, de nos amis, de nos collègues de travail, bref de n'importe quelle cellule de notre réseau social, chacun d'entre nous éprouve le besoin d'appartenir à un groupe et d'y être accepté et reconnu.

C'est une évidence toute biblique : il ne suffit pas de manger à sa faim pour être rassasié. L'existence humaine, infiniment plus complexe que celle de l'huître et du ver de terre, ne se résume pas aux simples besoins primaires du gîte et du couvert. Des prisonniers qu'on se contente de nourrir, mais qu'on exclue de tout réseau de communication en les maintenant dans le plus grand isolement, dépérissent généralement assez vite. En quelques mois de ce genre de traitement, sobre en apparence, ils se retrouvent dans un état caractéristique de déréliction : recroquevillement sur soi, perte de repères, nuits sans rêve, puis sans sommeil, apparition progressive de troubles psychologiques et somatiques divers. Depuis les travaux de Spitz *, on sait que des nourrissons privés pendant une période assez longue de toute manipulation et parole tombent gravement malades et finissent généralement par mourir.

Le besoin de stimulation est tel qu'il vaut mieux être stimulé de façon négative que ne pas être stimulé du tout. Ce point a été mis en lumière par Lewin ** à travers des expérience sur des rats ; expériences qui visent à montrer que des rats que l'on stimule négativement, notamment par le biais de chocs électriques, vivent plus longtemps que des rats maintenus isolés. On touche ici au cœur même de la problématique de l'identité. Etre traité avec rudesse, c'est avant tout être traité, c'est-à-dire reconnu en tant qu'individu. Ainsi, force est de constater qu'il vaut mieux avoir des rapports sociaux d'une qualité médiocre plutôt que d'être exclu de tout réseau social. Rien n'est pire que le statut de Robinson condamné pour s'en sortir à reproduire sur son île les règles et les normes de sa lointaine Angleterre jusqu'à l'arrivée inopinée de Vendredi...

Paradoxale en apparence, cette exigence de stimulation même négative est particulièrement vive chez les enfants auxquels ils arrivent de commettre des bêtises dans le seul but de se faire remarquer. Or, la volonté de se faire remarquer n'est pas une coquetterie ou un caprice, c'est d'abord une exigence existentielle. Chez les adultes, on constate dans certains cas l'émergence de comportements apparemment aberrants qui peuvent s'interpréter dans le même sens : un pur et simple besoin de reconnaissance.

Les types de stimulation

Les stimulations verbales sont de deux types, positif et négatif, chacun pouvant s'énoncer selon deux modes : conditionnel et inconditionnel.

Les types – positif et négatif – sont directement liés au principe de plaisir. Toute stimulation, qui tend à valoriser un acte,

---

* R. Spitz, *La première année de la vie de l'enfant*, Paris, P.U.F., 1958 ; *Hospitalisme : genèse des conditions psychiatriques dans la prime enfance*, Etude psychanalytique de l'enfant, p. 53-74, 1945.

** K. Lewin, *Psychologie dynamique*, Paris, P.U.F., 1959.

un comportement, un résultat, une compétence, la maîtrise d'une situation ou la bonne gestion d'un problème, le physique, le caractère, les aptitudes, le potentiel voire la personne elle-même, est positive qu'elle qu'en soit la forme (compliment, remarque obligeante, évaluation positive...) A l'inverse, toute stimulation qui tend à souligner l'insuffisance d'un résultat, la non maîtrise d'une situation ou la non résolution d'un problème est négative qu'elle qu'en soit la forme (remarque désobligeante, évaluation négative, injure, sarcasme...).

Il est important de noter que si la valeur positive ou négative d'une stimulation dépend évidemment du stimulateur et de la situation elle-même, elle est liée aussi, en grande partie, à celui qui reçoit la stimulation, à son propre cadre de référence. Ainsi, un compliment sincère et positif peut être interprété comme négatif si la personne, pour des raisons qui lui sont propres, n'est pas prête à entendre et à recevoir ce type de remarque. On considère généralement que la bonne réception d'une stimulation positive se manifeste par un sourire sincère et silencieux. Le fait de rougir, de se justifier ou encore de trouver que son supérieur exagère est par contre le signe d'une difficulté à entendre et intégrer une stimulation. Bien entendu, le même type de remarque peut s'appliquer dans le cas de la réception de stimulations négatives.

Un manager efficace ne va donc pas se contenter de stimuler positivement ou négativement chacun de ses collaborateurs, il va veiller à ce que les stimulations émises soient bien reçues et comprises dans le sens souhaité, ce qui nécessite de grandes capacités d'écoute et une vigilance particulière dans le cadre d'un *briefing* ou d'un entretien.

Les stimulations sont conditionnelles quand elles s'adressent à la personne pour ce qu'elle fait ou possède. Elles ne sont pas générales ou globales mais toujours référencées à un contexte ou à un thème donné. Elles sont inconditionnelles quand elles s'adressent directement à la personne pour ce qu'elle est. Dans la mesure où elles concernent la personne elle-même, elles ont un côté irrévocable et sont en quelque sorte données à jamais.

La distinction entre ces deux modalités est importante dans la mesure où si l'on compare les stimulations à une nourriture psychologique, on se rend compte que les stimulations inconditionnelles sont nettement plus « caloriques » que les stimulations conditionnelles. Dire sincèrement à un collaborateur qu'il a du potentiel n'a pas le même impact que des compliments sur son dernier rapport. D'une certaine manière,

Tableau 39 : les différents types de stimulation.

stimulations positives inconditionnelles	stimulations négatives inconditionnelles
J'apprécie votre professionnalisme, vous irez loin !	Vous êtes incompétent !
stimulations positives conditionnelles	**stimulations négatives conditionnelles**
Ce rapport est très bien fait, je vous en félicite !	Vos résultats sont insuffisants !

les stimulations conditionnelles ont une portée essentiellement sociale alors que les stimulations inconditionnelles ont une réelle portée ontologique. En effet, non seulement c'est à l'être même de la personne que l'on s'adresse, mais en outre les stimulations inconditionnelles comportent une réelle dimension prédictive dans la mesure où elles tendent à faire devenir la personne ce qu'on lui dit qu'elle est.

Cette remarque doit être relativisée dans la mesure où ce n'est évidemment pas à la suite d'une seule stimulation que la personne deviendra ainsi et non pas autrement. Il est par contre entendu que le climat général des stimulations, dans lequel une personne est immergée, est un facteur déterminant de son être et de son devenir. Ainsi, un professeur, qui est convaincu en son for intérieur que ses élèves sont doués, aura de meilleurs résultats avec eux qu'un autre professeur qui est convaincu que ces mêmes élèves sont de parfaits crétins. Ainsi encore, tel attaché commercial pourra obtenir, à contexte externe identique, des résultats très différents selon le mode de communication de son manager.

Les effets induits des stimulations

En fonction des catégories de stimulations énoncées, les effets induits sont largement différents. Si chaque catégorie de stimulation renforce les croyances que la personne a d'elle-même et des autres, ces croyances elles-mêmes proviennent des stimulations reçues antérieurement.

D'une façon générale, on peut dire que les effets produits résultent toujours de deux niveaux complémentaires : d'une part l'énonciation elle-même de la stimulation et, d'autre part, la dynamique générale de stimulations dans laquelle telle ou telle stimulation particulière est émise. Pour être pleinement efficace, une stimulation doit se trouver en consonance avec le climat général dans lequel les personnes se trouvent en relation. Ainsi une stimulation négative conditionnelle peut être d'un réel intérêt pédagogique et managérial si elle se situe dans un contexte de stimulations positives inconditionnelles. En revanche, dans un contexte de stimulations négatives inconditionnelles, elle ne fera que renforcer les images négatives que les deux interlocuteurs n'auront pas manquer de structurer l'un par rapport à l'autre.

- ***Stimulations négatives inconditionnelles :*** non seulement elles s'inscrivent dans un cadre déontologique largement discutable, mais en outre elles sont au cœur du célèbre paradoxe de l'arroseur arrosé, dans la mesure où elles conduisent à terme à provoquer ce qu'elles étaient *a priori* censées vouloir éviter. En effet, évaluer d'une façon inconditionnellement négative une personne, c'est dans une large mesure la faire devenir ce qu'on lui reproche. Dire à un enfant ou à un collaborateur qu'il n'est qu'un bon à rien, c'est le pousser implicitement à se comporter comme un bon à rien.
- ***Stimulations négatives conditionnelles :*** elles indiquent à la personne que l'on remarque une erreur ou une insuffisance de travail, ce qui en soi est efficace dans la mesure où elle n'en a pas forcément conscience. Par ailleurs, elles sont un puissant facteur de changement. A quoi bon en effet modifier un comportement si celui-ci n'est pas identifié comme insatisfaisant ? Il est important de noter que ceci reste vrai dans le cas où la personne a conscience de ses résultats. Si son responsable n'intervient pas, elle n'a aucune raison de modifier quoi que ce soit. Plus encore, elle risque d'enclencher une « spirale de laisser aller » jusqu'à ce que le responsable finalement intervienne.
- ***Stimulations positives conditionnelles :*** elles indiquent à la personne que l'on a conscience de son succès ce qui apporte sens et valeur à son action et lui permet de continuer à avancer dans de bonnes conditions. Elles sont au cœur de tout processus managérial dans la mesure où elles confirment au collaborateur que sa contribution ne

mérite pas seulement une rétribution en termes de salaires ou de primes, mais est l'occasion d'un échange réel favorable à son évolution et à son identité sociale.

- ***Stimulations positives inconditionnelles :*** Parce qu'elles touchent l'être même de la personne qui les reçoit, elles lui permettent de continuer à réussir et à se développer. Elles favorisent largement la prise d'initiative, la créativité, la mobilisation pleine et entière de l'ensemble de ses capacités. Elles contribuent à son adaptation à des situations inédites. Bref, elles lui ouvrent la voie du succès dans l'harmonie, tout en contribuant largement à son autonomie.

On peut résumer ces remarques dans le tableau suivant :

Tableau 40 : les effets de chaque type de stimulation.

stimulations positives inconditionnelles	**stimulations négatives inconditionnelles**
Mobilisation du potentiel Adaptation et créativité Autonomie, développement et épanouissement personnel	Risque d'enclencher une dynamique d'échec en renforçant les comportements négatifs Destructuration
stimulations positives conditionnelles	**stimulations négatives conditionnelles**
Mobilisation de certaines capacités de base Développement de la confiance en soi	Prise de conscience éventuelle Facteur de changement Dépendance

Les principes d'efficacité dans la gestion des stimulations

Une gestion satisfaisante des stimulations s'articulent autour de quelques principes simples :

- ***La rapidité :*** pour s'avérer efficace, toute stimulation doit se référencer à un passé récent - quelques jours tout au plus. De même qu'il serait vain de faire remarquer à un enfant telle ou telle bêtise trois mois plus tard, de même un responsable d'encadrement doit se plier à cette régle pédagogique fondamentale pour espérer encadrer efficacement, c'est-à-dire influencer de façon positive le comportement professionnel de ses collaborateurs.

- ***La précision :*** se contenter, en face d'un collaborateur qui connaît des difficultés, de généralités creuses et stéréotypées du genre : « *il faut faire des efforts !* », « *je trouve que tu ne travailles pas assez !* » c'est, dans le meilleur des cas, donner un coup d'épée dans l'eau. Pour stimuler de façon efficace, il convient d'étayer ses remarques, positives ou négatives, sur des exemples univoques et précis.
- ***La gratuité :*** trop de responsables d'encadrement félicitent leurs collaborateurs dans la seule intention de les faire travailler davantage. On commence par souligner l'excellence du travail accompli pour conclure par un « *au fait, j'avais quelque chose à vous demander...* » Ce genre de manipulation n'a jamais convaincu personne et conduit à ce fait étrange et rapidement repéré : pour avoir la paix, mieux vaut travailler sans excès de zèle ! L'incompréhension de la part du responsable est d'autant plus grande qu'il n'a le plus souvent pas conscience de la maladresse de ses comportements.
- ***La congruence :*** on ne caresse pas avec des gants de boxe. Une personne congruente est une personne dont le corps, notamment les gestes et les mimiques du visage soulignent le discours. En matière de stimulations, le principe de congruence signifie que le responsable d'encadrement doit réellement croire ce qu'il dit pour espérer influencer le comportement d'un collaborateur. Ce ne sont pas les mots qui comptent, mais la façon dont on les utilise. Pour espérer être entendu, il convient d'associer à son verbe, les intonations et les gestes adaptés.
- ***L'avenir :*** un bon stimulateur ne se contente jamais de souligner l'existant, mais se tourne systématiquement vers le futur proche : « *comment, ensemble, allons-nous procéder maintenant ?* » Sans une réponse précise à cette question, la stimulation risque de figer une situation acquise. Il ne suffit pas de se contenter de souligner une action réussie ou non, habile ou maladroite, mais de programmer une action corrective progressive et concrète.

La technique de stimulation

Encadrer n'est pas seulement écouter et parler. C'est appliquer un ensemble d'outils adaptés aux situations rencontrées. Si l'outil incontournable est le verbe, celui-ci risque fort de se dessécher et de tourner bientôt à vide s'il n'est pas relayé par des outils managériaux plus tangibles. A chaque catégorie de stimulation correspond des outils qu'il convient de mettre en œuvre.

Stimulations négatives inconditionnelles

Objectif

Rompre le contrat managérial à la suite d'une faute lourde.

Remarque

Les procédures d'exclusion, de mise à pied, de licenciement, etc. qui peuvent être vécues comme des stimulations inconditionnelles négatives ne se gèrent pas au niveau opérationnel mais stratégique, notamment par la Direction des Ressources Humaines.

Stimulations négatives conditionnelles

Objectif

Mettre fin à une erreur, un manque de compétence ou une insuffisance de travail.

Méthode

Informer le collaborateur de sa perception et envisager avec lui une façon de résoudre le problème.

Outils

Le mini-contrat est le plus approprié pour remédier à ce genre de situation. Il s'agit pour le responsable de fixer au collaborateur un objectif d'amélioration réaliste à très court terme avec assistance et modalités de contrôle à l'appui.

Style

Le style de management approprié à une situation de ce type doit être relativement directif. Le responsable d'encadrement n'hésitera pas à fixer au collaborateur des repères précis tant en matière de date, de modalité, que de méthode de travail. Il convient en effet que le collaborateur sache précisément ce qu'il doit faire, quand et comment il doit le faire. Cette façon de procéder ne signifie évidemment pas que le responsable doit se montrer d'une façon quelconque menaçant, mais indique simplement que les marges de manœuvre du collaborateur sont relativement faibles.

Stimulations positives conditionnelles

Objectif

Reconnaître la réussite de son collaborateur sur un domaine précis afin d'enclencher une dynamique de succès.

Méthode

Informer le collaborateur de sa perception positive et envisager avec lui les façons de prolonger et de renforcer cette réussite par un plan d'action adapté.

Outils

Les outils de stimulations positives conditionnelles sont nombreux. En fonction des situations on proposera :

- une information élargie au niveau stratégique
- une formation
- une prime
- une diversification des tâches
- un enrichissement des tâches
- la responsabilité d'une mission spécifique

Style

Le style de management approprié à l'émission d'une stimulation de ce type doit être essentiellement soit pédagogique dans la mesure où l'on n'hésitera pas à former son collaborateur sur un nouveau domaine, soit plus participatif dans la mesure où il conviendra de l'associer à certaines réflexions.

Stimulations positives inconditionnelles

Objectif

Reconnaître les qualités de son collaborateur sur l'ensemble de ses activités professionnelles et envisager avec lui les actions qui lui permettraient de continuer à s'épanouir et à être efficace.

Méthode

Informer le collaborateur de sa perception d'ensemble positive, ne pas hésiter à le reconnaître dans son être même, c'est-à-dire au niveau de son potentiel et envisager avec lui les suites à donner à cette réussite professionnelle et personnelle.

Outils

Les outils managériaux sont nombreux et adaptables aux situations. Suivant les cas, on proposera :

- une délégation
- une association avec prises de décision
- une augmentation de salaire
- une promotion

Style

Le style de management adapté à ce genre de situation peut être qualifié de délégatif, style qui vise à renforcer l'autonomie du collaborateur. Il ne s'agit certes pas de lui donner carte blanche dans tous les domaines, mais d'apprécier avec lui dans quelle mesure il pourrait prendre en charge la gestion complète d'une des activités de l'unité.

Chacun comprendra qu'en matière de stimulation, il n'est pas possible de résoudre l'ensemble des situations par un schéma mécanique.

Nous proposons le schéma ci-après comme aide-mémoire.

Tableau 41 : la technique de stimulation.

1. STIMULATION NÉGATIVE INCONDITIONNELLE

à proscrire dans tous les cas

2. STIMULATION NÉGATIVE CONDITIONNELLE

(depuis la remarque jusqu'aux sanctions règlementaires)

- Ne pas faire l'impasse lorsqu'elle est nécessaire
- Toujours l'assortir d'un « **mini-contrat** » →
  - Négociation d'objectifs d'amélioration
  - Définition des actions à mettre en œuvre
  - Définition du suivi des modalités de contrôle

2 situations possibles

- Le collaborateur ne ne remplit pas le contrat (→ retour à 2.)
- Le collaborateur remplit le contrat (→ 3.)

3. STIMULATION POSITIVE CONDITIONNELLE

Comportement durable

- oui → 4.
- non → oscillation : stimulation négative conditionnelle / stimulation positive conditionnelle

4. STIMULATION POSITIVE INCONDITIONNELLE

Entraînera à un moment ou à un autre le besoin pour le collaborateur de concrétiser son désir d'autonomie (sinon risque de démotivation).

- ➤ Acquisition de compétences nouvelles
- ➤ Enrichissement des tâches
- ➤ Diversification des tâches
- ➤ Délégation

(traité au sein de l'unité)

- ➤ Accroissement rémunération
- ➤ Promotion

(traité au sein de l'entreprise)

II – L'APPRÉCIATION, AU-DELÀ DU RITUEL

Le cycle permanent de l'appréciation

Stimulation et appréciation se déploient tout au long de l'année dans un système complet et cohérent que l'on peut représenter de la façon suivante :

Tableau 42 : le cycle permanent de l'appréciation.

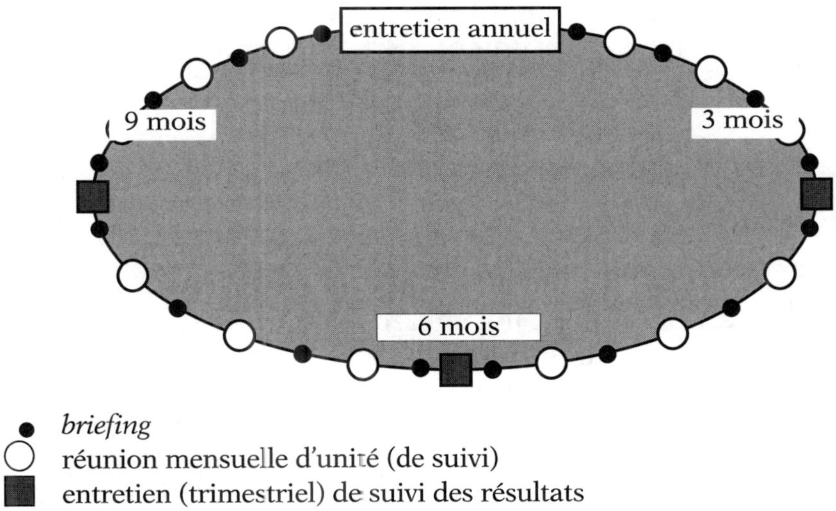

Le management opérationnel est fondamentalement basé sur un processus d'interaction entre les *briefings* individuels et collectifs, la réunion mensuelle et l'entretien trimestriel de suivi des résultats.

Ces différentes structures de suivi se complètent et se nourrissent l'une l'autre. Les entretiens sont le lieu privilégié d'échanges de stimulations personnalisées qui renforcent la qualité de la relation inter-individuelle. Les réunions sont quant à elles le lieu privilégié d'échanges de stimulations collectives qui favorisent la cohésion et la synergie de l'unité.

On ne le répétera jamais assez : l'entretien annuel n'est rien si, en amont, il n'est pas étayé tout au long de l'année, par des stimulations gérées à travers des rencontres régulières, à l'aide du système de suivi des résultats tant collectifs qu'individuels et du système d'information.

L'entretien annuel d'appréciation

Cet entretien est la seule action du management opérationnel qui ritualise, au niveau général de l'entreprise, les stimulations elles-mêmes. L'entretien annuel permet en effet d'articuler la dimension opérationnelle à la dimension stratégique du management dans la mesure où le compte rendu va être le plus souvent diffusé en dehors de l'unité. Ainsi, les stimulations entretenues tout au long de l'année peuvent conduire *in fine* à des modifications sensibles pour le collaborateur en termes, notamment, de formation, de promotion et de rétribution.

L'appréciation des résultats et de la maîtrise de l'emploi

Savoir que l'on a à apprécier le travail de ses collaborateurs ne suffit pas. Encore faut-il s'interroger avec précision sur ce qu'il convient d'apprécier exactement. Dans ce domaine, trop de responsables ont en effet tendance à s'en tenir à une impression générale et définitive, le plus souvent étayée sur une approche affective de la relation. Bref, on apprécie moins la contribution de ses collaborateurs aux résultats de l'unité que leur personnalité, leur trait de caractère ou encore le degré de sympathie plus ou moins prononcé que l'on éprouve à leur égard. Plus encore, certains responsables n'hésitent pas à apprécier le potentiel de leurs collaborateurs, sans se rendre compte qu'une évaluation de ce type nécessite à la fois la plus extrême prudence et un savoir-faire spécifique *.

---

* Cf. sur ce point Philippe Ramond et Stéphane Ferret, « L'évaluation de potentiel en milieu bacaire : présentation d'une expérience » *in* le *Cahier de Format-Finance n° 1*, 1990 et « Le bilan professionnel : de l'évaluation de potentiel à l'*assessment center* » *in* le *Cahier de Format-Finance n° 4*, 1991 ; « Le Bilan professionnel en milieu bancaire », *in La Revue Banque n° 527*, mai 1992, p. 505-511.

En tout état de cause, les deux niveaux de l'appréciation les plus pertinents sont les suivants :

- les résultats,
- la maîtrise de l'emploi.

On apprécie les résultats d'un collaborateur ou d'une équipe à partir de la mesure des écarts entre les objectifs et les résultats obtenus. Pour être pleinement efficace, cette mesure présuppose l'existence d'objectifs de production clairs, la définition d'indicateurs précis et la mise en œuvre d'un plan d'action approprié.

On apprécie la maîtrise de l'emploi soit par la mesure du décalage entre les objectifs de progrès et les résultats obtenus, soit par la confrontation des compétences requises par cet emploi et les compétences acquises par le collaborateur. Ces compétences s'expriment en terme de :

- ***savoir*** : connaissances et informations à utiliser,
- ***savoir-faire*** : méthodes, techniques et outils à maîtriser,
- ***savoir-être*** : capacités de base à mobiliser.

Le niveau de compétence requis par le poste est le plus souvent fourni au responsable opérationnel par la Direction des Ressources Humaines (répertoire des emplois). Dans le cas où ce type d'information n'est pas disponible, le manager opérationnel a intérêt à s'interroger avec précision sur le niveau requis par les postes tenus par les collaborateurs de son unité (cf. Méthode d'élaboration d'une fiche de poste).

S'il est important d'établir une distinction claire et précise entre ces deux grands niveaux d'appréciation, c'est parce qu'ils ne fonctionnent pas nécessairement en parallèle :

- un collaborateur peut obtenir de bons résultats tout en ne maîtrisant pas encore pleinement son poste,
- un collaborateur peut maîtriser son poste sans pour autant obtenir de bons résultats.

Imaginons un Directeur Financier qui obtient des performances remarquables, en prenant tous les risques sur une opération spéculative, par exemple sur le MATIF. Dans ce cas, il aurait *de facto* d'excellents résultats. On ne saurait pour autant prétendre qu'il maîtrise son emploi dans la mesure où les risques pris auraient tout aussi bien pu faire perdre des sommes considérables à l'entreprise.

A l'inverse, un responsable d'agence bancaire, qui aurait une réelle connaissance de son marché, des produits et des services proposés par son établissement, qui maîtriserait l'essentiel des techniques bancaires et financières, qui de surcroît aurait de réelles capacités relationnelles et managériales, pourrait, par ailleurs, ne pas obtenir de bons résultats.

D'une façon générale, un décalage important entre les résultats et la maîtrise de l'emploi constitue un indice pertinent du degré de motivation de son collaborateur. Dans le cas où il obtient de bons résultats sans pour autant maîtriser pleinement son emploi, la probabilité est grande pour qu'il ait compensé son manque de connaissance, de technique et/ou d'expérience par un sur-investissement professionnel. Le projet managérial se doit alors d'être pédagogique et il convient d'envisager avec lui les actions de formation prioritaires à mettre en œuvre à l'intérieur et/ou à l'extérieur de l'unité. Dans le cas où son collaborateur maîtrise réellement son emploi, sans pour autant obtenir de bons résultats, la probabilité est grande pour qu'il soit en phase, sinon de démotivation pure et dure, du moins de sous-investissement professionnel. Le projet managérial se doit alors d'être responsabilisant et il convient, autant que faire se peut, de l'associer aux décisions de l'unité.

Ces remarques doivent être relativisées dans la mesure où les deux niveaux de l'appréciation se complètent plus fréquemment qu'ils ne s'opposent. En effet, aucun collaborateur ne peut longtemps espérer obtenir de bons résultats s'il ne parvient à maîtriser son emploi. Or, et contrairement à ce que l'on croit souvent, ce ne sont pas les résultats passés, mais la maîtrise de l'emploi qui constitue le baromètre le plus fiable des résultats à venir. Cette caractéristique implique que le manager opérationnel a intérêt à combler ou faire combler rapidement les écarts de compétences entre le niveau acquis par ses collaborateurs et le niveau requis par les postes qu'ils occupent, même dans le cas où les résultats obtenus sont satisfaisants. Par ailleurs, cette caractéristique permet de comprendre qu'un objectif de progrès une fois atteint pourra être transformé en objectif d'activité. Ainsi, un objectif portant sur la connaissance d'un produit et la maîtrise d'une technique de vente une fois atteint par un collaborateur permettra à son manager de lui proposer un objectif commercial *stricto sensu* (nombre de ventes, chiffre d'affaires ou marge réalisés).

Tableau 43 : l'appréciation des résultats
et de la maîtrise de l'emploi.

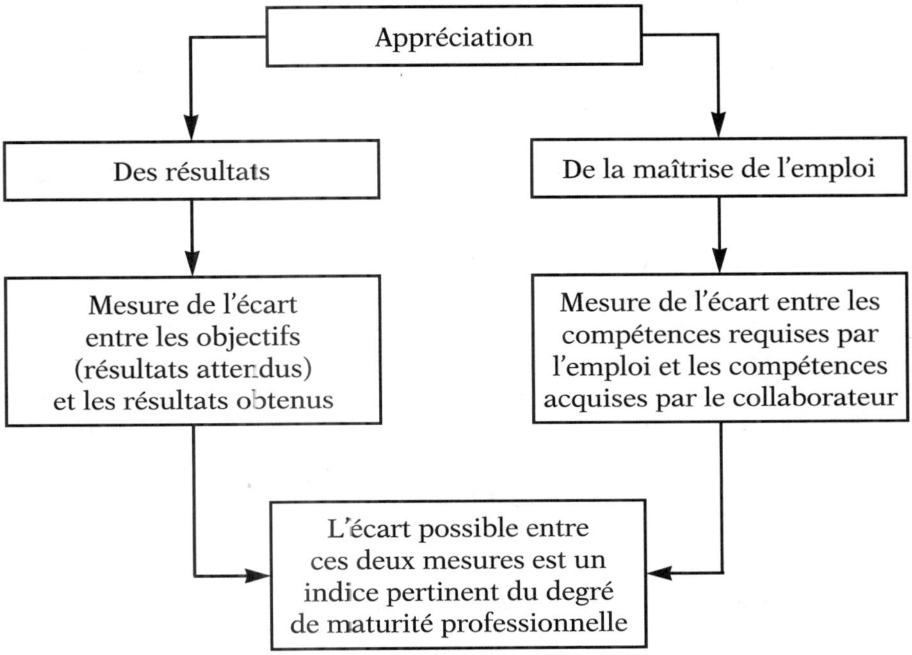

La préparation de l'entretien annuel

La préparation de l'entretien est importante dans la mesure où elle va conditionner en grande partie la réussite ou l'échec de l'entretien lui-même. Pour gérer ses entretiens d'appréciation avec efficacité, le manager opérationnel doit se préparer à la fois techniquement et matériellement.

La préparation est avant tout d'ordre technique. Pour ce faire, le responsable a intérêt avant chaque entretien à :

- s'imprégner des résultats de son entreprise et de son unité,
- se remémorer les activités, les tâches et les missions essentielles de son collaborateur en procédant à une analyse comparative entre sa fiche de poste et sa perception de la réalité,
- vérifier les résultats de son collaborateur en se demandant quelles raisons permettent de les comprendre et les expliquer,

- noter les deux ou trois messages ou stimulations essentiels à faire passer,
- préparer l'année à venir tant au plan de la formalisation des objectifs que des modifications éventuelles à apporter au niveau de la définition et de la répartition des tâches que du degré d'attribution afférent à chacune d'elles.

Au plan matériel, il s'agit de prévoir un rendez-vous avec chacun de ses collaborateurs en respectant les principes suivants :

- contacter chaque personne concernée dix à quinze jours avant la période d'appréciation. Dans le cas d'un collaborateur nouvellement recruté, profiter de cette prise de rendez-vous pour l'informer du système d'appréciation en vigueur dans l'organisation. Dans le cas où c'est le système lui-même qui a été modifié ou renouvelé, il ne faut pas hésiter à prévoir une réunion pour en informer son équipe, en évitant naturellement d'aborder le contenu des appréciations. Dans tous les cas, il est souhaitable de profiter de cette prise de rendez-vous pour remettre à chaque personne un compte rendu vierge, non pour qu'elle le renseigne à l'avance mais pour qu'elle puisse réfléchir à son année professionnelle en fonction des rubriques proposées et qu'elle s'imprègne ainsi de la structure de l'entretien ;
- prendre l'ensemble de ses rendez-vous dans un laps de temps limité : quinze jours à trois semaines environ (principe de regroupement) en évitant de recevoir plus de deux collaborateurs dans la même journée ;
- prévoir un délai suffisant – quarante cinq minutes à deux heures environ – et un espace protégé : pas d'interruptions téléphoniques, ni de visites inopinées.

Les syndromes de l'appréciateur

Nous présentons ici les principaux « syndromes » de l'appréciateur, c'est-à-dire les attitudes et comportements maladroits ou négatifs qui conduisent à un simulacre d'entretien et qu'il convient d'éviter si l'on veut espérer encadrer avec efficacité. Il ne s'agit pas seulement de souligner les quelques intentions volontairement négatives comme la manipulation pure et dure, mais d'essayer de comprendre que même certaines attitudes *a priori* positives peuvent produire, à terme, des résultats inverses aux effets escomptés.

– ***Le syndrome du technocrate :*** l'appréciateur passe le plus clair de son temps, stylo en main, le nez perdu dans le compte rendu, sans se soucier le moins du monde de son collaborateur. Cette absence de relation réelle conduit rapidement à de fortes démotivations.
– ***Le syndrome du mécanicien :*** l'appréciateur-réparateur dresse froidement le bilan de ses collaborateurs, comme s'il s'agissait d'une machine ou d'un outil. Il reprend un par un tous les points qui lui semblent déficients et, inlassablement, en dresse un inventaire détaillé sans jamais essayer de comprendre ni pourquoi, ni comment il en est ainsi et pas autrement.
– ***Le syndrome du juste milieu :*** l'appréciateur dresse systématiquement un bilan moyen de l'année écoulée quels que soient les résultats. Le responsable a peur de dire les choses réellement soit par manque de confiance en soi, soit pour éviter les conflits, soit encore pour éviter que les collaborateurs « se croient arrivés » si leurs résultats coïncident ou dépassent les objectifs fixés.
– ***Le syndrome de Freud :*** l'appréciateur, sans même sans rendre compte, profite de la situation d'entretien d'appréciation pour « jouer » au psychologue et interpréter sur un plan presque clinique les attitudes et les comportements de ses collaborateurs.
– ***Le syndrome du tricheur :*** le manager apprécie ses collaborateurs non pas en fonction des résultats obtenus et de la maîtrise de l'emploi, mais en fonction de ses propres projets avec chacun d'eux. On stimulera négativement une personne dont on veut à terme se débarrasser et positivement une personne à qui on veut proposer une mission « délicate ».
– ***Le syndrome du moralisateur :*** le responsable d'unité confond apprécier et porter un jugement moral en fonction de ses propres croyances et valeurs. L'entretien est étayé de phrases toutes faites et stéréotypées à forte coloration moralisatrice : « *Il faut que...* », « *C'est pas bien...* », « *Des efforts sont nécessaires étant donné le contexte actuel...* ».
– ***Le syndrome des généralités abusives :*** le responsable, après une écoute rapide, dresse le même bilan fade, appuyé du même ensemble de commentaires quels que soient les mérites des collaborateurs appréciés. La singularité de chacun est complètement ignorée ou gommée, remplacée par un discours préfabriqué, le plus souvent déjà cent fois rabâché. Qu'on s'adresse à Pierre, Paul ou

Jacques, les commentaires portés ont toujours exactement le même goût, c'est-à-dire n'en n'ont absolument aucun.

- ***Le syndrome de la comparaison :*** l'appréciateur passe son temps à comparer ses collaborateurs entre eux. A Paul : « *regarde comment fait Pierre !* », à Pierre : « *regarde comment fait Jean !* » (sous-entendu prend ou ne prend pas exemple sur lui...). Non seulement ce comportement ne respecte pas les règles du jeu qui consistent à apprécier chaque collaborateur par rapport à ses résultats et à son emploi et non par rapport aux autres collaborateurs, mais surtout ce comportement risque bientôt de scinder son équipe en deux catégories – les bons et les mauvais – au détriment de la cohésion de l'unité. Des rivalités et des tensions apparaissent et, bien souvent, le responsable en est le premier étonné.
- ***Le syndrome de l'amnésique :*** l'appréciateur focalise l'entretien sur une période donnée ou une activité précise oubliant purement et simplement le reste de l'année ou les autres activités. Bref, il confond entretien d'appréciation et entretien périodique par rapport à une action ou une mission spécifique.
- ***Le syndrome de l'interrogatoire :*** le responsable passe son temps à poser des questions fermées ou « interro-négatives » à son collaborateur, comme si celui-ci avait des comptes à rendre « sur-le-champ ! » et des explications détaillées à fournir sur tous les sujets. Bientôt celui-ci se met à répondre de façon de plus en plus évasive, puis se tait. « *C'est incroyable* », se dit bientôt le responsable, « *je m'adresse à eux franchement et ils restent muets comme des tombes, ce n'est pas moi, c'est eux qui ne veulent pas dialoguer !* ».
- ***Le syndrome du renversement dialectique :*** l'entretien se transforme rapidement en une discussion d'appréciation de l'entreprise dans son ensemble, du Directeur Général ou encore du responsable d'unité lui-même. Dans ce dernier cas, c'est l'appréciateur qui se fait apprécier par son propre collaborateur. Ce genre de situation peut se produire par manque d'expérience de la situation d'appréciation, par manque de confiance en soi ou, à l'inverse, par le narcissisme du responsable qui souhaite que l'on parle de lui.
- ***Le syndrome de Zorro :*** lorsque le responsable imagine et déclare pouvoir régler tous les problèmes professionnels et extra-professionnels de ses collaborateurs. Le responsable se sent investi d'une mission de régulation externe, conseiller pédagogique pour l'éducation des

enfants, conseiller matrimonial, etc. On n'apprécie pas les résultats et la maîtrise de l'emploi, mais la situation psycho-sociale de l'intéressé.

III – LA STRUCTURE DE L'ENTRETIEN ANNUEL

L'entretien annuel doit être structuré. Il ne s'agit ni d'un interrogatoire en règle, ni d'une conversation à bâtons rompus mais d'un acte managérial décisif. La structure doit être suffisamment logique et cohérente pour éviter l'écueil de la conversation décousue, et suffisamment ouverte et souple pour ne pas tomber dans le suivi à la lettre des différentes rubriques du compte rendu formalisé par l'entreprise.

Tableau 44 : les étapes de l'entretien annuel d'appréciation.

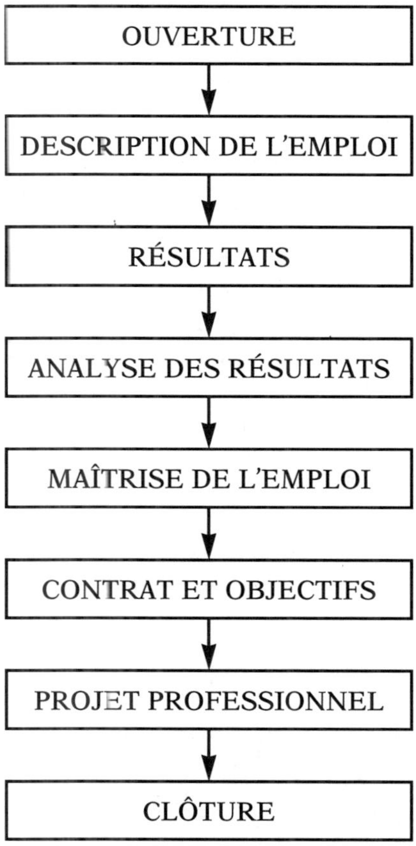

– ***Ouverture :*** dans cette phase essentielle qui risque de conditionner entièrement la suite de l'entretien, l'appréciateur doit veiller à traiter systématiquement les aspects suivants :

- accueil du collaborateur,
- présentation de l'entretien,
- validation du plan de l'entretien,
- annonce du temps imparti.

– ***Emploi :*** il s'agit de décrire en commun l'emploi tel qu'il a été réellement tenu durant l'année écoulée, en termes de raison d'être, d'activités, de tâches essentielles et de temps alloué à chaque activité, ce qui permet de fixer un cadre à l'entretien lui-même. L'appréciateur ne doit pas s'étonner d'avoir à prendre en compte des éléments nouveaux. Les emplois actuels sont en effet en constante évolution. Il est donc logique de constater des distorsions entre la définition de l'emploi (telle qu'elle est inscrite dans le répertoire général de l'entreprise) avec la réalité professionnelle de chacun, avec le poste réellement tenu.

Tableau 45 : la description du poste réellement occupé.

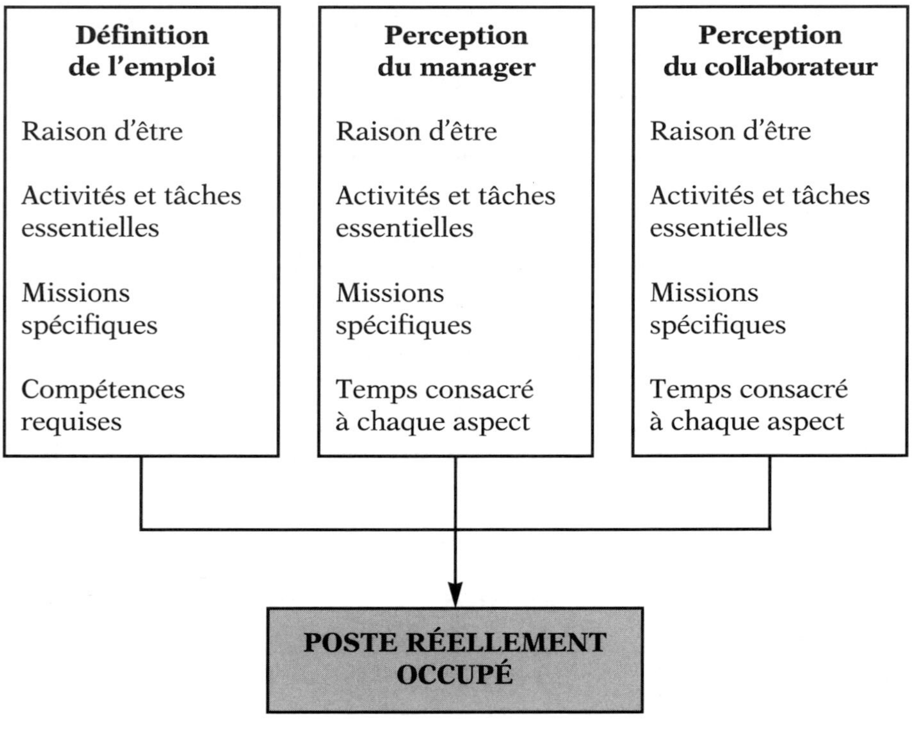

– ***Résultats :*** les résultats obtenus pour chaque activité doivent être connus tant par le collaborateur que par son responsable. Les surprises doivent être rares, puisque la personne connaît ses objectifs et les indicateurs utilisés. Elle doit être capable de procéder elle-même au constat des résultats. Un désaccord complet sur le constat des résultats obtenus est le signe :

- soit d'un non management durant l'année écoulée (absence d'échanges réels, de formulation d'objectifs clairs, pertinents, acceptés et/ou de stimulations),
- soit d'une mauvaise foi telle de la part du collaborateur que le responsable aurait du en prendre conscience et traiter ce problème avant l'entretien lui-même.

– ***Analyse des résultats :*** autant l'accord doit être absolu sur le constat des résultats, autant il n'est pas rare de voir des désaccords sur leur analyse, c'est-à-dire sur les causes permettant d'expliquer le niveau de performance. Pour être pertinente, l'analyse des résultats doit prendre en compte les quatre niveaux suivants :

Tableau 46 : l'analyse des résultats.

Collaborateur	**Manager**	**Entreprise**	**Environnement**
Degré de maturité professionnelle – compétence – motivation Absence Intégration Evolution de l'emploi	Style de management Nature des objectifs – presse-citron ? – édredon ? Moyens mis en œuvre Niveau d'information	Ses résultats et ceux de l'unité Changement organisationnel	Favorable ou non ? Quid du contexte ? – économique – politique – social – international

ANALYSE DES RÉSULTATS

– ***Maîtrise de l'emploi :*** il convient soit de mesurer l'atteinte des objectifs de progrès par l'analyse des écarts entre les résultats attendus et les résultats obtenus, soit de comparer en termes de savoir, savoir-faire et savoir-être ce que l'on peut constater en regard des compétences exigées par le poste occupé.

Tableau 47 : la maîtrise de l'emploi.

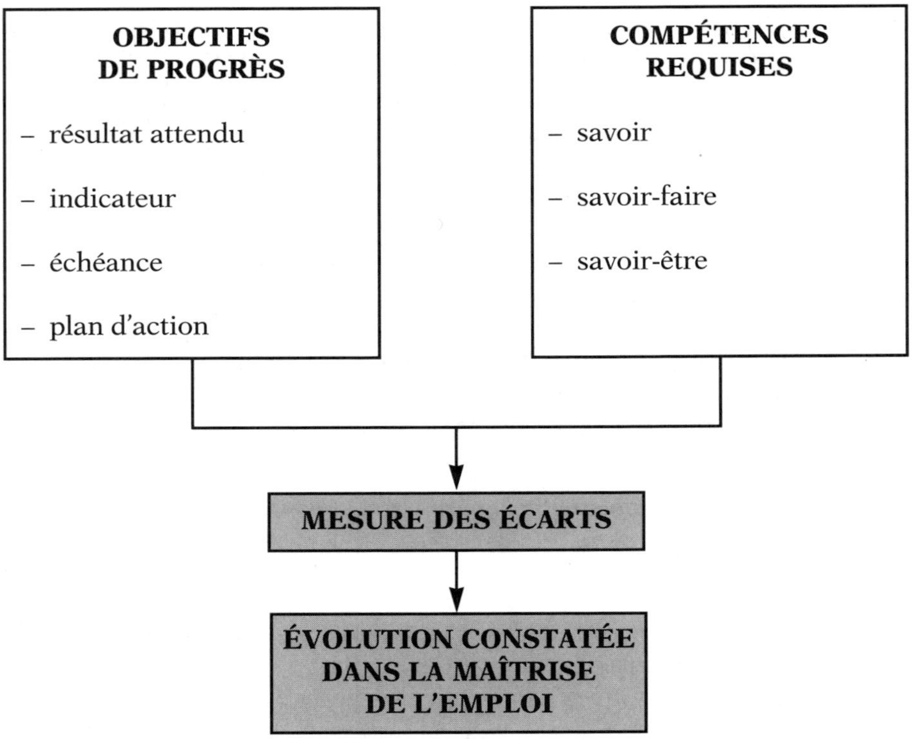

– ***Contrat et objectifs pour l'année à venir :*** cette partie de l'entretien doit permettre de fixer le cadre général de l'année à venir à travers trois aspects essentiels : le contenu de l'emploi et les objectifs du collaborateur, les engagements du responsable.

– ***Projet professionnel :*** il s'agit d'un échange de point de vue sur le devenir professionnel à moyen terme (2-3 ans) du collaborateur. Contrairement à la phase précédente, il ne s'agit pas d'un contrat managérial qui engage les deux parties, mais plutôt d'une réflexion commune sur les possibilités d'évolution du collaborateur. En effet, il entre rarement dans les prérogatives du manager opérationnel de décider seul de l'évolution de carrière de ses collaborateurs, même s'il peut exercer un réel pouvoir d'influence sur ce point.

La question est essentiellement de savoir si :

- le collaborateur a un projet professionnel,
- dans quelle mesure le responsable peut en favoriser la réalisation par des actions au sein de l'unité (formation, mission...), ou en dehors de l'unité (par exemple, recommandation auprès de la Direction des Ressources Humaines pour l'inscription à un diplôme professionnel).

Tableau 48 : contrat et objectifs.

CONTRAT ET OBJECTIFS			
Emploi	**Objectifs de production et opérationnels**	**Objectifs de progrès**	**Engagements du responsable**
Activités et tâches essentielles à réaliser Degré d'autonomie pour chaque activité attribuée	Formulation claire et précise des objectifs de production et/ou opérationnels négociés – résultat attendu – échéance – indicateurs – actions à mettre en œuvre	Formulation claire et précise des objectifs de progrès négociés – résultat attendu – échéance – indicateurs – actions à mettre en œuvre	Style de management Aide et soutien attendus Périodicité du suivi Action à mettre en œuvre

– ***Clôture :*** cette phase de synthèse générale ne doit pas être négligée. Elle permet en effet de vérifier si l'appréciateur et l'apprécié se sont bien compris et de formaliser l'entretien. Dans tous les cas, il convient de traiter les aspects suivants :

  - effectuer un résumé général en insistant sur les priorités,
  - remplir en concertation le compte rendu de l'entretien, formalisé par l'entreprise,
  - prendre éventuellement rendez-vous,
  - terminer en demandant à son collaborateur ce qu'il pense de l'entretien tant du point de vue du fond que de la forme.

Au-delà de l'entretien annuel

L'entretien d'appréciation sombre, bien souvent, dans la procédure obligatoire, le rituel de fin d'année. Il s'agit donc d'une corvée sans enjeux ni conséquences, vite bâclée avec la complicité tant de l'appréciateur que de l'apprécié.

Les décisions ou les non-décisions des Directions des Ressources Humaines sont souvent invoquées pour justifier ce sabotage organisé, « *elles ne donnent jamais suite* », « *elles prennent le contre-pied des propositions d'avancement, d'augmentation ou de sanction* »...

Tout cela peut être vrai, il n'en reste pas moins que l'appréciation est, avant tout, un acte de management opérationnel qui concerne d'abord la vie de l'unité, les échanges et les stimulations avec les collaborateurs directs.

L'échec d'un système d'appréciation peut, parfois, être imputé à son absence de connexion avec les politiques de gestion des ressources humaines, le plus souvent sa décrépitude est liée à l'absence d'un système réel de suivi et d'information au sein de l'unité, au manque d'un management opérationnel digne de ce nom.

Si nous n'avons fait qu'évoquer la question de la rémunération, de la promotion, des sanctions, des mutations, c'est, bien entendu, pour rester strictement dans le champ opérationnel mais aussi pour marquer cette évidence : **l'appréciation est d'abord, et avant tout, un acte de management opérationnel.**

7.

POUVOIR, INFLUENCE ET DÉCISION *

La vie, le fonctionnement des unités de travail ne peuvent pas toujours être en concordance exacte avec les prévisions, les planifications, les procédures préalablement définies. Il existe des réactions imprévisibles et des interactions entre plusieurs variables parfois contradictoires qui perturbent la réalisation des projets et des plans établis.

Il serait, en effet, illusoire de penser que l'unité de travail constitue un univers stable, qu'il suffit d'appliquer avec rigueur les fonctions de prévision, d'organisation et de contrôle pour garantir le succès, que la participation se borne à l'échange d'une capacité de travail contre un salaire, que les relations hiérarchiques sont équilibrées et reposent sur l'autorité du responsable reconnue une fois pour toute ou sur l'obéissance du subordonné, vécue sans tension.

L'unité de travail reste, au contraire, un terrain de conflits issus des multiples contraintes de l'environnement, des difficultés de coordination entre les différentes entités de l'entreprise ou des divergences d'intérêts entre les objectifs collectifs et les aspirations de chaque salarié.

Ainsi, il est nécessaire pour les managers, qu'ils interviennent au niveau stratégique ou opérationnel, de gérer ces contraintes, de maîtriser ces nombreuses incertitudes afin d'assurer la coopération entre les personnes et de créer les conditions d'une efficacité durable.

La nécessaire coopération entre les membres de l'unité met en scène la question du pouvoir : « toute structure d'action collective se constitue comme système de pouvoir. Elle est phénomène, effet et fait de pouvoir » ** . Si le concept de

---

* Jacques Gillot-Péan, consultant de CARDINAL CONSEIL, a conçu ce chapitre.

** Michel Crozier et Erhard Friedberg, *L'acteur et le système*, Editions du Seuil, Collection politique, p. 25, 1977.

pouvoir pose des questions tout à fait spécifiques au niveau du gouvernement stratégique d'une entreprise, questions que nous n'abordons pas dans cet ouvrage, il demeure cependant une préoccupation permanente pour le manager opérationnel avec sa figure emblématique que constitue la prise de décision.

Décider est une fonction du management nécessaire pour entrer sur le terrain de l'action mais c'est aussi le résultat d'arrangements, de compromis voire de tractations qui se nourrissent de relations de pouvoir.

Alors, comment poser la problématique de la décision pour le manager opérationnel ? Quelles sont les zones où il peut exercer une réelle influence pour piloter son équipe de travail ? Quelles sont les sources de sa véritable autorité ? Autant de questions que nous aborderons pour tenter de démontrer que le pouvoir reste, pour le manager, un espace sans cesse à conquérir.

I – PROBLÉMATIQUE DE LA DÉCISION

Nous constatons souvent un décalage important entre l'idée que les managers se font de la décision et sa réalité quotidienne.

« Entrer en management » est vécu par de nombreux responsables comme « accéder au pouvoir », comme si le pouvoir constituait un attribut de la fonction que le responsable obtenait *de facto* à sa nomination et dont la décision serait son oriflamme. Puis, confronté à l'exercice même de ce pouvoir au niveau du quotidien, le manager éprouve ses premières déconvenues et finit par crier au subterfuge : l'une des insatisfactions les plus profondes qui guette le responsable d'unité est le sentiment diffus qu'il n'a aucune influence réelle sur les événements, que l'essentiel dépend finalement de décisions prises ailleurs par une hiérarchie lointaine et jalouse de ses prérogatives.

L'écart entre les aspirations du manager – être un homme d'influence en maîtrisant la décision – et sa perception de la réalité – être le dernier relais de la ligne hiérarchique sans véritable pouvoir – engendre des déceptions et des tensions.

En fait, il existe un malentendu souvent renforcé par de nombreux ouvrages qui fleurissent sur la question. La fonction décision, dans le cadre du management opérationnel, est trop souvent sur-valorisée, entretenant ainsi le mythe du Manager-Décideur et la confusion conceptuelle entre les notions de pouvoir, d'influence et de décision.

La décision considérée comme le joyau du pouvoir

Quelle soit politique, stratégique ou tactique, la prise de décision est présentée comme un aspect essentiel du travail d'un responsable hiérarchique dans la mesure où son chemin est jalonné d'arbitrages petits et grands dont les effets marqueront l'avenir. En cela, la décision apparaît comme un instrument fondamental de pouvoir (en conférant au responsable un poids déterminant dans le traitement et la maîtrise des situations qui entrent dans son champ d'action) et de prestige vis-à-vis de ses collaborateurs.

L'importance accordée à la décision repose principalement sur trois constats :

1 – La décision est au cœur de l'action : en effet, la prise de décision dans l'entreprise n'est pas une activité parmi d'autres, elle imprègne la plupart des fonctions du management. Définir des objectifs, planifier, organiser, coordonner, contrôler, impliquent des choix, donc des décisions. Aussi le rôle transversal de la décision dans les activités du management amène tout responsable à privilégier ce qui touche au processus décisionnel pour pouvoir jouer l'ensemble de sa partition, maîtriser pleinement sa fonction. Ne pas disposer du pouvoir de décision est ressenti par les responsables comme une entrave à la réalisation de leurs activités, voire comme une remise en cause de leur raison d'être.

2 – La décision s'inscrit dans un contexte nouveau, complexe et incertain : en effet, on ne peut plus considérer les solutions traditionnelles comme bonnes *a priori*, il y a de moins en moins de problèmes qui n'admettent qu'une solution. La complexité des procédures, le renouvellement permanent des technologies, la sophistication des produits et des services, les variations de

l'environnement dans lequel s'exerce l'activité de l'entreprise, contraignent impérativement le manager à la décision rapide.

Face à cet univers aléatoire où le temps est urgence, l'impérieuse nécessité pour le manager de développer son sens de l'anticipation, de faire preuve de réactivité, bannit tout retard dans les circuits de décision.

Par ailleurs, la divergence s'accroît très rapidement entre le pouvoir du manager fondé sur sa position hiérarchique et le pouvoir de chacun des collaborateurs, tiré de leurs connaissances, de leurs compétences professionnelles.

Le responsable, quel qu'il soit, ne peut plus maîtriser l'ensemble des paramètres pour conduire une action ou un projet, il doit nécessairement s'appuyer sur différents partenaires qui jouent un rôle d'expert dans tel ou tel domaine ; c'est pourquoi l'arbitrage, donc l'acte décisionnel, apparaît aux yeux du responsable hiérarchique à la fois comme une manière de lutter contre l'érosion de son pouvoir et comme l'expression de la légitimité de sa fonction.

3 – La décision constitue un triple enjeu pour le manager : en effet, l'exercice du pouvoir de décision engage bien évidemment le responsable hiérarchique mais il engage également ses collaborateurs et l'entreprise pour laquelle il agit.

Tableau 49 : le triple enjeu de la décision.

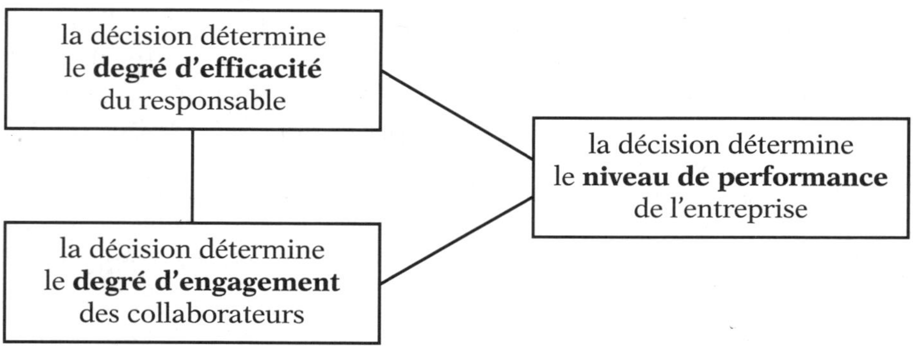

Pour le responsable l'enjeu de la décision est celui de son **efficacité** personnelle ; en effet, toute décision a un impact sur l'atteinte des objectifs, sur les résultats et il n'est de décision qui n'implique le décideur et la prise de risque qu'il est prêt à assumer. Le responsable met en jeu son attitude vis-à-vis du risque, autrement dit sa capacité à analyser les risques (évaluer le risque en nature, en grandeur et en probabilité d'apparition) et sa capacité à assumer les risques (management audacieux ou craintif). S'il peut être tout à fait injuste de juger un décideur sur un résultat unique, par contre, il est légitime de le juger sur une palette de résultats.

Si la stratégie de prise de décision adoptée par le responsable définit son propre style de management, elle a aussi des incidences notables sur les attitudes et les comportements des collaborateurs qui coopéreront ou non avec leur hiérarchie, en fonction de la réponse à leurs attentes en matière de participation au processus décisionnel.

Pour l'équipe de travail, l'enjeu est lié au degré d'**engagement** de chacun de ses membres ; la nature et le degré de participation des collaborateurs au processus de décision déterminent :

- leur niveau de compréhension des différents éléments d'une situation,
- leur niveau d'acceptation de l'autorité du manager,
- leur niveau d'implication dans l'application des décisions prises,
- leur niveau d'intégration dans l'équipe et dans l'entreprise.

Pour l'entreprise, la **performance** est l'enjeu. Performance qui est essentiellement la résultante des deux premiers éléments, **efficacité** et **engagement**. Les décisions, quel qu'en soit le processus, engagent l'avenir de l'entreprise en termes de résultats, d'adaptation face aux évolutions de l'environnement, d'adhésion des salariés aux projets, de gestion des ressources.

Force est de reconnaître, au regard de ces trois constats :

- la décision interface des différentes fonctions de l'encadrement,
- la décision instrument de la légitimité face à la complexité et à l'incertitude de l'environnement,
- la décision atout majeur de la performance,

que la question de la décision demeure au centre des préoccupations du management, que disposer ou non du pouvoir de décision constitue un enjeu de pouvoir. De plus, « l'image d'Epinal » assimile volontiers le manager au décideur en vantant les « *success stories* » des capitaines d'industries qui, quelle que soit leur origine, et si possible modeste, ont conquis parts de marché et territoires par leur capacité à décider.

Ce discours, où la dimension stratégique de la décision est exaltée, peut être vrai quand on s'adresse aux directions d'entreprise, il n'en est pas de même pour le management opérationnel. En effet, les responsables des premières lignes hiérarchiques ne prennent pas ou ne prennent que très peu ou très rarement des décisions dites sensibles comme celles liées au budget, à l'embauche ou aux promotions des collaborateurs. Cette absence d'implication directe dans le processus décisionnel provoque la désillusion du manager opérationnel. Ecarté du pouvoir de décision, il a l'impression d'être écarté du pouvoir tout court.

Peut-on dire pour autant, que la décision ne représente pas une activité importante du management opérationnel, que le responsable intermédiaire est dépourvu de pouvoir et qu'il n'exerce aucune influence réelle sur le cours des événements et sur la gestion de son équipe ? Nous verrons dans notre propos que les marges de manœuvre du manager opérationnel sont loin d'être négligeables, qu'il est urgent pour lui de se réapproprier la fonction de décision et que le pouvoir n'est peut être pas là où il le croit. Il nous faut, tout d'abord, clarifier les notions d'influence, de pouvoir et de décision.

Influence, pouvoir et décision

Il existe une confusion conceptuelle concernant les notions d'influence, de pouvoir et de décision. Cette méprise contribue fortement aux désillusions du manager opérationnel qui, mettant volontiers dans le même panier ces trois éléments, se sent globalement atteint dans son autorité lorsque l'une d'entre elles est accaparée par sa propre hiérarchie, comme si l'influence, le pouvoir, et la décision formaient un bloc monolithique.

S'il faut reconnaître que ces concepts sont multiformes, il nous appartient ici de présenter leur spécificité et de distinguer leur terrain d'expression respectif afin de permettre au responsable d'unité d'agir sur différents leviers pour exercer pleinement sa fonction.

– ***L'influence :*** c'est l'ascendant qu'une personne prend sur une autre personne ou sur un groupe du fait de sa capacité à faire face à des situations complexes ou inédites. L'influence qu'une personne exerce repose sur :

- l'utilisation du ou des pouvoirs dont elle dispose (cf sur ce point la notion de pouvoir),
- la réalisation d'un ensemble d'actions pour conduire un projet individuel ou collectif. Pour le management opérationnel, ce champ d'action est constitué des dix points clés traités tout au long de cet ouvrage.

– ***Le pouvoir :*** c'est l'ensemble des ressources dont dispose une personne qui détermine le type de relation qu'elle entretient avec une autre personne ou un groupe et qui lui donne la possibilité d'assurer son activité et d'atteindre son objectif. On repère généralement dans la classification des pouvoirs, quatre types principaux :

- *le pouvoir statutaire :* c'est le droit ou la capacité légitime de faire une chose ; ce type de pouvoir est conféré par la hiérarchie ou l'institution à laquelle la personne appartient. Au niveau du management, il s'agit du pouvoir hiérarchique comportant des liens de subordination qui unissent le subordonné à son chef et qui font que, par délégation, ce dernier est détenteur d'une partie du pouvoir de direction défini par le code du travail ;
- *le pouvoir personnel :* il est constitué de sept capacités de base qui composent le potentiel d'une personne (capacités de compréhension, de conception, de mémorisation-concentration, d'expression écrite, d'expression orale, d'argumentation-négociation et capacités relationnelles). Le degré de mobilisation de l'ensemble des capacités de base d'une personne détermine sa faculté d'adaptation et lui confère un certain niveau de charisme, de leadership et d'autorité ;
- *le pouvoir d'expertise* : c'est la possibilité pour une personne d'utiliser ses compétences professionnelles – son savoir et son savoir-faire – qui font référence dans son domaine d'activité et qui lui permettent d'être reconnu :

- *le pouvoir de cœrcition :* c'est l'ensemble des moyens de pression (physiques, légaux, financiers...) dont dispose une personne multiplié par son intention de les utiliser et qui lui permet d'exercer une contrainte plus ou moins forte. Par exemple, Saddam Hussein dispose de missiles à ogives chimiques (moyens de pression) mais selon l'intention qu'il a ou non (ou qu'on lui prête) de les utiliser, son pouvoir de contrainte sera différent à l'égard de ses adversaires ; de même, un responsable hiérarchique dispose d'une batterie de sanctions (moyens de pression) et l'intention qu'il a (ou que ses collaborateurs lui prêtent) de les utiliser déterminera le niveau de son pouvoir de coercition.

– ***La décision :*** c'est l'action d'arbitrage menée par une personne, qui consiste à porter un jugement sur une situation comportant plusieurs options et à trancher parmi ces différentes options. La prévision, la planification, l'organisation et le contrôle nécessitent des choix donc des décisions dont la qualité et l'efficacité détermineront l'influence du responsable hiérarchique dans le pilotage de son unité de travail.
Autrement dit, nous constatons que le pouvoir et la décision sont deux dimensions distinctes et fondamentales du management qui agissent en synergie et qui permettent au responsable d'unité d'exercer une réelle influence sur les événements et sur la gestion des ressources humaines.

Tableau 50 : les forces convergentes de l'influence.

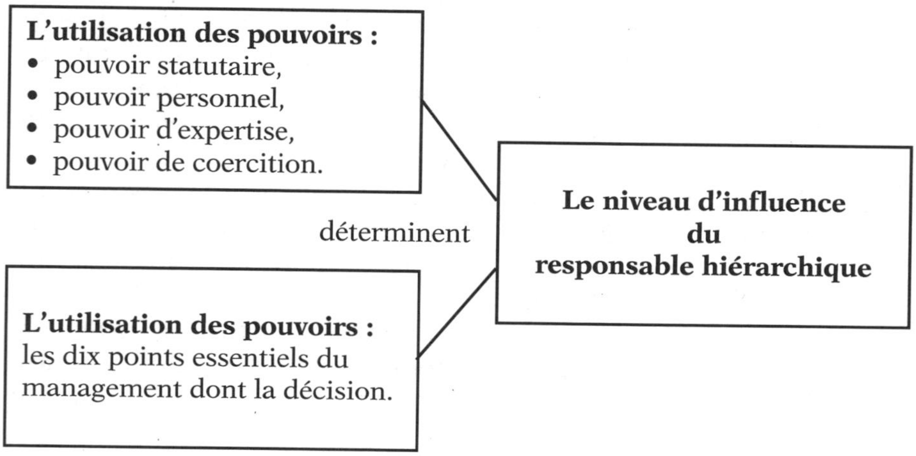

Si nous avons vu précédemment l'importance de la dimension stratégique accordée à la décision pour les directions d'entreprises (et dont le management opérationnel se sent dépourvu), il serait simplificateur de réduire l'influence d'un responsable, quel qu'il soit, à cette seule dimension.

Aussi est-il important pour tout responsable de repérer et d'occuper pleinement les différentes zones où il peut exercer une influence par des actions spécifiques liées ou non à la décision et par l'utilisation permanente de son espace de pouvoir.

II – LES ZONES D'INFLUENCE DU MANAGER OPÉRATIONNEL

Il faut certainement que cesse le regret de ne pouvoir décider en toute circonstance comme si cela était la seule voie possible de la reconnaissance managériale, de l'autorité. A trop s'accrocher à cette revendication, certains managers ont perdu le sens de la responsabilité. Exclus du champ de la décision pour certains domaines, ces managers « déclinent » toute responsabilité pour ces domaines considérés. C'est oublier que l'indifférence est le plus bas degré de la responsabilité et la participation, son fleuron : participation avec les collaborateurs pour les décisions qui dépendent du responsable d'unité, participation avec la ligne hiérarchique pour les décisions qui lui appartiennent.

Ce principe important de responsabilité partagée vise à lutter contre deux écueils que nous rencontrons dans les pratiques du management :

- ***La stratégie de l'« étouffement » :*** elle se manifeste par une absence totale de responsabilité du responsable intermédiaire dans la conduite des actions ; face aux contraintes fortes de l'environnement ou aux pressions exercées par une hiérarchie autocratique et centralisatrice le manager opérationnel abandonne la conquête nécessaire de son pouvoir, démissionne en terme d'initiative, perd son autonomie et ne finit par jouer qu'un rôle d'exécutant galonné.
- ***La stratégie du « parapluie » :*** elle se manifeste par un cloisonnement très fort des responsabilités entre les dif-

férents niveaux de la hiérarchie. Chaque responsable joue sa carte personnelle et rejette sur le niveau supérieur tout ce qui sort des limites étroites de son territoire en se dédouanant auprès de leurs collaborateurs respectifs par les fameux « ce n'est pas de ma responsabilité, cela ne dépend pas de moi ». Cette situation où les responsabilités sont morcelées, provoque l'apparition de véritables bastions et a, bien évidemment, des incidences négatives sur l'implication de chacun.

Tableau 51 : stratégie du manager opérationnel face à la notion de responsabilité.

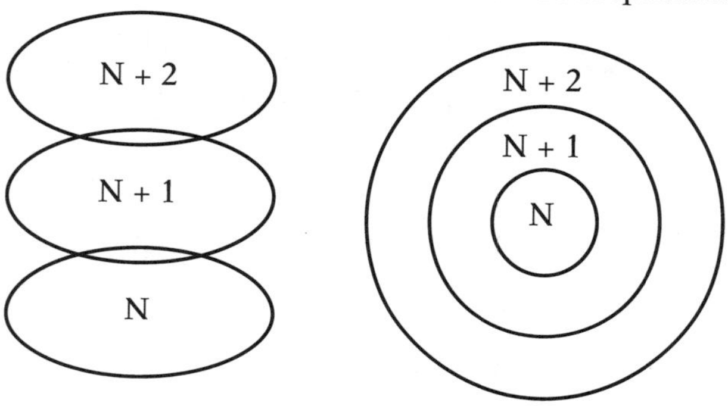

La responsabilité partagée — L'étouffement — Le parapluie

La responsabilité partagée rend le manager d'autant plus libre et influent qu'il connaît ses terrains d'action et leurs limites, qu'il discerne les forces en présence, qu'il maîtrise et utilise l'ensemble des ressources qui sont à sa disposition pour s'engager dans la bataille et devenir une force de proposition. Connaître ses contraintes, accepter ses limites, jouer avec elles, tel est l'objet de la conquête du pouvoir. L'omnipotence n'est pas une liberté, elle n'est qu'une illusion.

Les zones d'influence hors la décision

Il existe un certain nombre de situations pour lesquelles le responsable d'unité ne dispose pas du pouvoir de décision.

Pour autant, à y regarder de plus près, l'action qu'il mène, soit en amont soit en aval de la décision, peut se révéler déterminante pour la réussite de l'opération et marquer ainsi son influence auprès de ses collaborateurs ou de sa propre hiérarchie.

C'est pourquoi, il nous apparaît important de distinguer la nature même des actions que le responsable peut mener pour exercer son influence et les outils nécessaires pour soutenir son intervention.

Le domaine des décisions sensibles

Ce domaine concerne essentiellement l'élaboration des budgets pour le service ou le département, le recrutement de nouveaux salariés soit en externe, soit en interne, les mesures de fin d'année portant sur les rémunérations ou les promotions des collaborateurs. Nous constatons que le plus souvent la maîtrise de ces situations échappe au responsable d'unité !

Peut-on sérieusement concevoir une totale liberté de décision en la matière sans risque de dérapages dangereux ? L'évolution de certains emplois sensibles, la manifestation des grandes tendances ne sont observables de façon pertinente que de façon centralisée et c'est donc à ce niveau que doivent s'effectuer les arbitrages. Peut-on concevoir que les embauches internes, les recrutements externes soient totalement délégués à l'encadrement intermédiaire sans risque d'incohérence ? Constituer le corps social d'une entreprise suppose un minimum de règles, de choix éthiques et techniques dans le recrutement de chacun de ses membres. Peut-on concevoir que les politiques de rémunération et de promotion des salariés ne soient pas décidées au plus haut niveau sous peine de mettre en péril les équilibres financiers et les principes d'équité qui commandent la gestion des carrières ? La disparité des approches, des conceptions, des intérêts chez chacun des responsables d'équipe face à ces problèmes est telle qu'elle nécessite une harmonisation donc des arbitrages de la part d'une direction des ressources humaines ou d'une direction générale.

Ceci dit, il ne faut pas pour autant négliger le rôle considérable que peut jouer et que doit jouer, le responsable intermédiaire dans ces processus de décision. Ce n'est pas parce qu'une personne détient la signature d'un dossier qu'elle a pour autant pouvoir de décision sur tout ce qui est mentionné dans le dossier ; elle ne fait qu'avaliser une décision étudiée et préparée ailleurs, ou qu'arbitrer entre plusieurs propositions et c'est celui qui étudie et propose, qui dispose de la véritable influence. A ce titre, le manager opérationnel sacrifie encore trop souvent cette carte déterminante de **l'étude et la recommandation** dans les décisions prises.

L'étude et la recommandation permettent au responsable d'unité de jouer un rôle de conseiller auprès de sa hiérarchie et d'exercer concrètement une autorité d'influence. En effet l'influence du responsable est différente selon qu'il analyse ou n'analyse pas une situation donnée, selon qu'il recommande ou ne recommande pas, selon la forme qu'il donne à sa recommandation. Nous influençons le cours des choses autant par ce que nous ne faisons pas que par ce que nous faisons.

Le responsable d'unité ne peut ignorer cette dimension fondamentale de l'influence que constituent l'étude et la recommandation. Ne pas répondre présent sur ce terrain c'est adopter la politique de l'autruche, c'est nier la notion de responsabilité partagée, c'est faire une faute de management. Si argumenter un dossier par une étude rigoureuse et le défendre pied à pied auprès de sa hiérarchie ne garantit pas d'obtenir systématiquement satisfaction, en tout cas, ne pas exercer cette fonction d'étude et de recommandation garantit l'insatisfaction, l'état de victime de décisions jugées arbitraires et nourrit les désillusions.

Il est également une dimension de la fonction d'étude et de recommandation trop souvent négligée par les responsables : la dimension temps. En management, on ne gagne pas sur « un coup » mais sur un « ensemble de coups ». Il s'agit donc pour le manager d'adopter une stratégie qui ne s'appuie pas seulement sur le court terme mais aussi sur le moyen terme. Le refus d'une direction face aux propositions d'évolution d'un collaborateur qu'il a formulées, ne doit pas décourager le responsable ; cette situation, au contraire renforcera sa position lorsqu'il représentera le dossier l'année suivante. Ce qui apparaît comme une perte à court terme constitue souvent les conditions d'un gain à moyen terme. Tout l'enjeu du management consiste à placer un ensemble de pions sur l'échiquier, tel le joueur de « go », pour tisser progressivement la toile de son influence.

Le domaine des « supra-décisions »

Ce domaine concerne toutes les situations qui ont fait l'objet d'une élaboration et de décisions dans d'autres services de l'entreprise ou par le « top » management d'un département et qui échappe apparemment à la maîtrise du responsable d'unité. Ce sont par exemple, la programmation de campagnes commerciales décidées par la Direction du Marketing pour la force de vente, c'est l'élaboration d'un manuel de procédures réalisée par des experts pour l'instruction des dossiers contentieux dans un service juridique, c'est la mise au point d'un mode opératoire de fabrication par un bureau d'étude pour un atelier de production, c'est la restructuration d'une unité quelconque par un service organisation...

Toutes ces situations, qui touchent généralement les fonctions de prévision, de planification et d'organisation, font l'objet d'une telle préparation en amont qu'il n'y a plus possibilité d'amendement lorsqu'elles arrivent entre les mains du responsable d'unité chargé de leur exécution.

Cette réalité nourrit là encore chez le responsable opérationnel le sentiment désagréable de n'exercer aucune influence sur ces questions ; peu associé au processus d'élaboration et de décision, il a l'impression de subir les événements et d'être une nouvelle fois la dernière roue du carrosse management.

C'est oublier que pour tout projet, la réussite dépend certes d'une préparation minutieuse mais tout autant de la qualité de sa réalisation et de son suivi. Il faut revaloriser au niveau du management opérationnel l'activité d'**information et de mise en œuvre** qui constitue une des clés de son influence : les collaborateurs qui doivent réaliser tel ou tel projet ont besoin de connaître les tenants et les aboutissants des opérations, d'avoir des clarifications sur la répartition des moyens, en temps, en argent et en matériel, de se sentir épaulés quant à l'utilisation de telle ou telle méthode de travail. En ce sens, le responsable d'unité demeure le "centre nerveux" de son organisation dans la mesure où il effectue l'intégration entre les attentes des collaborateurs et les objectifs ou priorités de l'entreprise. Il est au cœur du flux d'informations qui circule et qui lui permet de mieux comprendre ce qui se passe dans son environnement, de détecter les dysfonctionnements potentiels et de saisir les opportunités pour la réalisation des plans d'action. La capacité du responsable à recueillir, traiter et diffuser l'information et sa capacité à dynamiser l'équipe de travail pour mettre en œuvre ce projet, déterminent le niveau des résultats, renforcent sa position dans le réseau de communication de l'entreprise et marquent son influence au sein de son unité.

Si la définition des objectifs, la planification des actions à réaliser pour atteindre ces objectifs et l'organisation du travail au sein de l'unité recouvrent la dimension stratégique du management, ce que fera concrètement ensuite le manager, pour faire connaître et mettre en œuvre cette stratégie, constitue la dimension tactique.

On peut toujours regretter de n'être pas le glorieux compositeur d'une œuvre symphonique sans pour autant négliger le rôle du chef d'orchestre qui sait communiquer à chaque musicien la nuance et la cohérence de la partition et conduire avec passion l'ensemble pour assurer le succès de l'œuvre. C'est par une étroite collaboration entre ceux chargés d'initier, de créer un projet et ceux chargés de le faire connaître et de le mettre en œuvre que s'élaborent les réussites. C'est par une véritable coopération entre les différents niveaux d'une ligne hiérarchique que se construit et se consolide la cohésion du management.

L'activité d'information et de mise en œuvre constitue donc pour le manager opérationnel une activité à forte valeur ajoutée et lui confère un réel leadership.

Le domaine des délégations

Ce domaine concerne toutes les activités et pouvoirs de décision associés que le responsable hiérarchique a transmis à un ou plusieurs collaborateurs. Cette démarche de management provoque souvent chez le responsable hiérarchique un sentiment de frustration : dépossédé, même de façon librement consentie, d'une opération que généralement il maîtrisait parfaitement pour l'avoir longtemps pratiquée, il a l'impression de perdre une partie de ce qui constituait sa reconnaissance professionnelle, d'être déconnecté de la réalité du terrain ou de ne plus tenir les rênes de l'opérationnel. Forte est la tentation pour le responsable de faire de l'ingérence dans la délégation octroyée pour s'accrocher à ce qu'il croit être son pouvoir.

Si la délégation contraint le responsable à conférer le niveau de décision à son collaborateur pour lui permettre d'agir et d'accroître son autonomie, ce même responsable ne perd pas pour autant son autorité ; au contraire, sa zone d'influence s'étend dans la mesure où il sait exercer une action de suivi et de contrôle.

Définir les modalités et la périodicité des points de suivi et de contrôle pour éviter toute intervention "sauvage", clarifier les objectifs et les indicateurs pour permettre une mesure fiable des résultats, nouer un contrat de délégation transparent pour garantir un engagement réciproque, répondre présent aux sollicitations du délégataire pour l'aider à surmonter des difficultés au cours de sa délégation, réaliser un bilan rigoureux notamment en fin de mission, sont autant de points-clés pour assurer pleinement l'action de suivi et de contrôle. Le responsable augmente ainsi son influence à la fois auprès de ses collaborateurs et sur les événements : il est reconnu comme manager parce qu'il construit avec ses collaborateurs une relation de confiance où la délégation n'est pas vécue comme un simple transfert de tâches et il garde en permanence la maîtrise de la situation par des points de contrôle clairement établis.

Ce qui est vrai pour la délégation en terme de suivi et de contrôle l'est également pour toutes les activités de l'unité de travail dont le niveau de décision appartient à certains collaborateurs.

L'analyse des trois grands domaines où la décision échappe au responsable d'unité met l'accent sur les zones d'influence qu'il peut occuper. Plutôt que de rêver à plus de pouvoir de décision, avec pour certains le secret espoir de ne jamais l'obtenir et s'abriter ainsi sous le confort du « parapluie », il est sans doute plus important pour le responsable hiérarchique d'utiliser toute la palette d'actions et d'outils qui est à sa disposition pour influencer en amont le choix de la décision et en aval les résultats de la décision.

Tableau 52 : les zones d'influence hors de la décision.

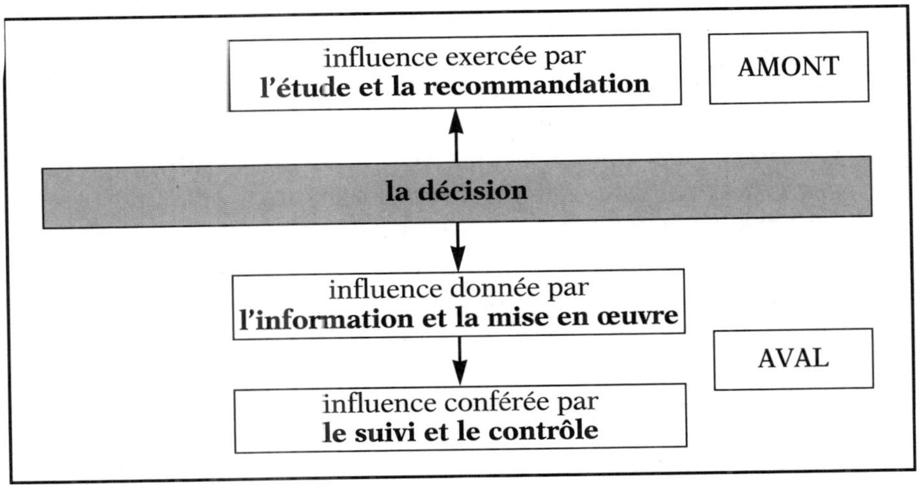

Les terrains de la décision

La décision représente, bien entendu, un champ important où s'exerce l'influence du manager opérationnel. Nous constatons pourtant qu'il existe souvent un décalage entre le souhait des responsables d'unité de possession de la décision et la « timidité » avec laquelle ils l'assument, comme si seule la dimension stratégique de la décision les préoccupait.

Se réapproprier la décision dans toute sa gamme, distinguer les différentes situations où l'on peut concrètement l'exercer, maîtriser les méthodes et outils décisionnels, tels sont les enjeux, le prix de l'influence.

Il existe quatre grands terrains sur lesquels le manager peut exercer son activité de décideur :

La gestion des incidents

Ce terrain comporte l'ensemble des imprévus, des situations particulières, des perturbations qui apparaissent et qui nécessitent de la part du responsable des micro-décisions. En effet, même si la planification a été longuement réfléchie et l'organisation rigoureuse, le responsable doit réagir très vite face à des situations non prévues car non prévisibles. Ce sont par exemple, les changements de fabrication de dernière minute, le matériel informatique qui tombe en panne, un client furieux qui s'apprête à faire un scandale dans le service, un collaborateur absent pour maladie. Le traitement des incidents demande une capacité à analyser rapidement la situation qui se présente et à adopter un mode de prise de décision adéquat.

Différentes approches peuvent être mises en œuvre :

- ***Le mode autocratique*** : le responsable recueille les données, les analyse, arbitre et tranche seul.
- ***Le mode consultatif*** : le responsable, avant de trancher, demande les avis et suggestions des collaborateurs concernés par la question.
- ***Le mode concertatif*** : le responsable met ses collaborateurs au fait du problème et les invite à élaborer des solutions possibles. Après avoir écouté les différentes propositions, il tranche.

– ***Le mode codécisionnel*** : le responsable et les collaborateurs concernés analysent le problème en commun et discutent pour se mettre d'accord sur une proposition à retenir.

Le choix de tel ou tel mode dépend de la nature de l'incident à traiter, des implications techniques ou motivationnelles qui en découlent ; il dépend également des contraintes de temps (l'urgence ou non) et de maturité professionnelle (la volonté de « jouer le jeu » du responsable et des collaborateurs).

Par les choix du mode de décision qu'il retient pour traiter les incidents, le responsable imprime son style de management et marque son influence auprès de son équipe.

La gestion des dysfonctionnements

Des ajustements de court terme suffisent parfois à ramener l'équilibre mais lorsque les perturbations subsistent, on touche aux dysfonctionnements. Ce domaine concerne le traitement de la non-qualité, c'est-à-dire tous les problèmes dont les causes sont inconnues ou mal connues, qui apparaissent régulièrement et qui persistent durablement. Ils entraînent un coût de non qualité important pour l'unité ou l'entreprise. Ces dysfonctionnements nécessitent une méthodologie rigoureuse pour en éradiquer les causes et assurer une amélioration durable. En effet, si face aux incidents qui jalonnent le quotidien, le responsable peut s'appuyer sur l'habitude ou l'intuition pour orienter son choix, par contre face à ces situations complexes, il doit utiliser une approche plus rationnelle, suivre un processus plus systématique, respecter un certain nombre d'étapes.

Selon les auteurs, le processus décisionnel peut comporter 5, 6, 7 étapes ou plus ; quelle que soit la démarche envisagée, nous retrouvons toujours les points-clés suivants * :

– ***Perception des éléments clés de la situation*** : déceler les symptômes de la situation exigeant une intervention,

* Pour avoir une description plus détaillée de l'approche méthodologique de la décision, le lecteur peut se reporter au travail très sérieux de Charles Kepner et Benjamin Tregoe dans *Le manager rationnel*, Editions d'Organisation, 1972, ou à de nombreux ouvrages qui abordent la méthode de traitement de problème dans le cadre des démarches qualité.

recueillir et analyser les données pertinentes et formuler correctement l'objectif à atteindre.
- ***Identification du problème :*** rechercher et étudier les causes, établir les contraintes et analyser les moyens disponibles.
- ***Elaboration des solutions :*** recenser toutes les solutions possibles, déterminer les critères discriminants en fonction de l'objectif et analyser les avantages et inconvénients de chaque solution au regard des critères retenus.
- ***Choix d'une solution :*** trancher entre les différentes options possibles et élaborer un plan d'action permettant la mise en œuvre de la décision.
- ***Mise en œuvre de la décision :*** communiquer la solution retenue, rechercher l'adhésion des partenaires impliqués et réaliser les actions à mettre en œuvre pour rendre la décision effective.
- ***Contrôle :*** vérifier périodiquement le déroulement des actions et comparer les résultats obtenus par rapport à l'objectif fixé à l'aide d'un tableau de bord spécifique.

Ce qui est en jeu ici pour le responsable d'unité, c'est sa capacité :

- à déceler une situation qui engendre un certain nombre de difficultés,
- à organiser la réflexion seul ou en groupe pour traiter les dysfonctionnements,
- à prendre en compte les différents points de vue pour opérer un choix,
- à animer et à faire vivre la solution adoptée pour obtenir les résultats escomptés.

L'élaboration des projets individuels

Ce terrain concerne tout ce qui touche au management différencié des collaborateurs. Chaque personne a un projet qui lui est propre en adéquation ou non avec les objectifs de l'entreprise. Ce projet est très rarement exprimé de façon explicite. Par prudence, par conformisme ou par incompréhension à cet égard, les collaborateurs observent une sorte de loi du silence sur ce sujet. Les managers quant à eux ne se sentent pas toujours concernés par cette question ou n'osent pas l'aborder.

Il s'agit pourtant d'une action de management essentielle qui détermine un partenariat dans les relations supérieur-subordonné et permet un véritable développement professionnel de chacun. Bâtir conjointement les projets individuels de ses collaborateurs, tel est l'enjeu d'un management de proximité reposant sur une approche différenciée des souhaits de chacun.

De façon plus fondamentale, le manager est amené à se poser un ensemble de questions quant au devenir des personnes constituant son équipe ou à répondre clairement à leurs sollicitations. Que peut faire demain un collaborateur ? Faut-il pousser un collaborateur à formuler un projet parce qu'il se sous-estime et que le responsable croit en lui ? Faut-il, au contraire, refréner les aspirations de tel autre parce qu'il se surestime et que le responsable ne discerne pas chez lui un potentiel d'évolution suffisant ?

Cela exige du responsable une forte éthique et une méthodologie rigoureuse pour apporter une réponse authentique à des situations très diverses.

Le responsable d'unité doit être persuadé que chaque contrat de confiance noué, chaque projet concret et solide élaboré avec un collaborateur sont une pierre supplémentaire à l'édifice du management, à la manifestation de son influence, à la satisfaction de ses partenaires.

L'élaboration du projet fédérateur de l'unité

Ce terrain concerne le management global de l'unité. Elaborer des projets individuels pour chaque collaborateur ne gomme pas pour autant toutes les attitudes de retrait, n'élimine pas les clivages qui existent entre les personnes. Le salarié peut réaliser un projet personnel dans l'entreprise sans qu'il se sente lié à la collectivité. C'est pourquoi le responsable doit répondre à un autre impératif de management : assurer l'intégration, la cohésion et l'adhésion de l'ensemble de l'équipe.

Ceci ne se décrète pas. Il doit y avoir un minimum de terrain commun entre les objectifs personnels de chaque membre de l'unité et les objectifs collectifs ; il doit y avoir une volonté de bâtir une maison commune.

Elaborer un projet fédérateur nécessite, pour le responsable d'unité, de mettre en œuvre une démarche de participation ; non pas une participation utopique dans le but de contribuer au bonheur des salariés ou une participation manipulatrice pour détourner l'attention des collaborateurs des vraies préoccupations, mais une participation organisée, permanente reposant sur la confiance, prenant en compte les contraintes et les objectifs de chacun.

Là encore, mettre en place une démarche de participation est de l'initiative du responsable d'unité et de lui seul. Les décisions qu'il prend dans ce domaine lui permettent d'abaisser les barrières entre ses collaborateurs, sa hiérarchie et lui-même, d'exploiter intelligemment le gisement de matière grise de l'unité et de faire de son équipe un véritable moteur pour les changements à venir.

Elaborer un projet fédérateur demande au responsable d'être lui-même porteur d'un projet pour son équipe. En effet, il ne suffit pas de faire tourner l'unité pour remplir sa fonction de pilote. Réduire le management à cela c'est lui faire perdre son âme. Ce que l'on attend d'un responsable d'unité c'est aussi :

- qu'il exprime une vision cohérente de son métier pour donner un sens aux actions menées,
- qu'il manifeste en permanence une fierté de son métier pour que chacun croit en son utilité,
- qu'il décline et affirme les valeurs communes pour créer et entretenir une réelle communauté culturelle entre les membres de l'équipe.

Etre porteur d'un projet revient pour le responsable à garantir, à terme, la raison d'être de l'unité et à témoigner au quotidien de sa réalité. Nous sommes ici dans un domaine particulier de la décision : le responsable signifie ce qu'est l'unité aujourd'hui et ce qu'elle sera demain. Par cet acte, le responsable aborde une facette souvent négligée et pourtant cardinale du management.

Tableau 53 : les zones d'influence dans la décision.

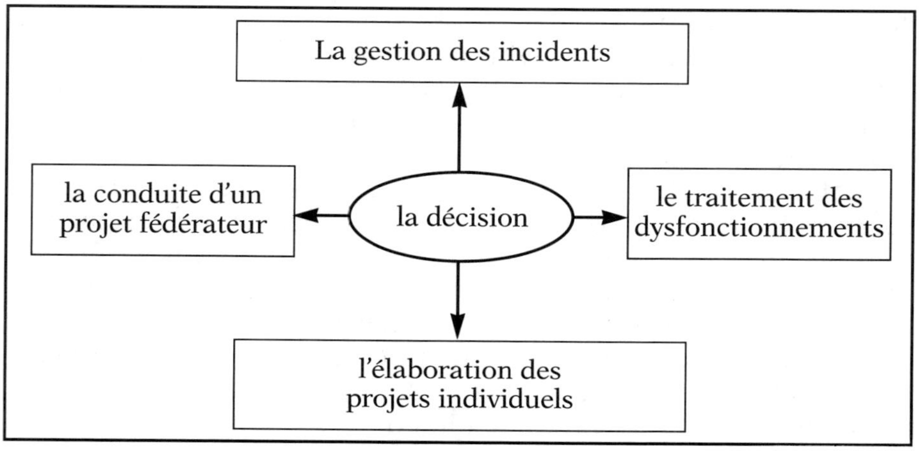

Ainsi, loin d'être absent de la fonction décision, le responsable d'unité peut au contraire évoluer sur un ensemble de terrains, le conduisant :

- à adopter un mode de décision cohérent qui détermine son style de management,
- à choisir une méthodologie appropriée selon la complexité de la situation à traiter,
- à maîtriser les outils fondamentaux d'aide à la décision pour soutenir son action,
- à contribuer à l'élaboration des projets individuels propres aux aspirations et potentialités de chacun,
- à organiser une démarche de participation authentique pour mobiliser l'ensemble de ses collaborateurs autour d'un projet fédérateur.

III – POUVOIR, ESPACE DE CONQUÊTE

L'influence qu'exerce un responsable d'unité se manifeste par une série d'actions qu'il se doit de conduire avec rigueur, la décision en étant la figure emblématique. Elle repose également sur l'utilisation d'un ensemble de ressources constituées par les pouvoirs dont il dispose.

Face à des situations de plus en plus complexes et incertaines, face à des variables parfois contradictoires, face à des intérêts souvent divergents, le responsable idéal, parfaitement rationnel n'existe pas. Dans la pratique, la démarche analytique se heurte à des obstacles importants. En effet elle relève d'une conception purement rationnelle de l'univers, d'un modèle parfait qui n'existe pas.

Au quotidien, le manager est marqué par une dimension affective : la prise en compte des pouvoirs réciproques.

Longtemps exclue de l'étude du management puis présentée comme un attribut spécifique de la position hiérarchique, la notion de pouvoir prend tout son sens aujourd'hui, et ce de façon opératoire, pour analyser les relations de travail entre supérieurs et subordonnés et proposer au manager des outils pragmatiques pour assurer une coopération optimum entre les différents acteurs en dépit de leurs divergences d'intérêts.

L'illusion des relations humaines

Les thèses de l'Ecole des Relations Humaines (avec notamment les expériences conduites par Elton Mayo dans l'Illinois auprès de la Western Electric) ont largement contribué à occulter l'importance de la notion de conflit d'intérêt dans le cadre des relations hiérarchiques. La recherche de la satisfaction du collaborateur, considéré essentiellement comme un être relationnel, était le thème central de l'Ecole des Relations Humaines qui posait la loi suivante : l'amélioration du climat entraîne automatiquement un accroissement de l'efficacité.

Or, nous constatons qu'il ne suffit pas de penser relations humaines pour obtenir la productivité en prime. Non seulement la recherche exclusive de bonnes relations au sein de l'unité ne garantit pas l'obtention d'une productivité élevée, mais encore cette démarche managériale peut avoir des effets pervers : en effet, le responsable d'unité, au nom de cette théorie des relations humaines, se refuse à exercer des pressions sur les collaborateurs pour ne pas détériorer le climat ; cette stratégie provoque une déresponsabilisation des subordonnés, entraîne une baisse de productivité et fait naître un cycle vicieux dans le couple efficacité-satisfaction.

Tableau 54 : l'illusion de l'école des relations humaines.

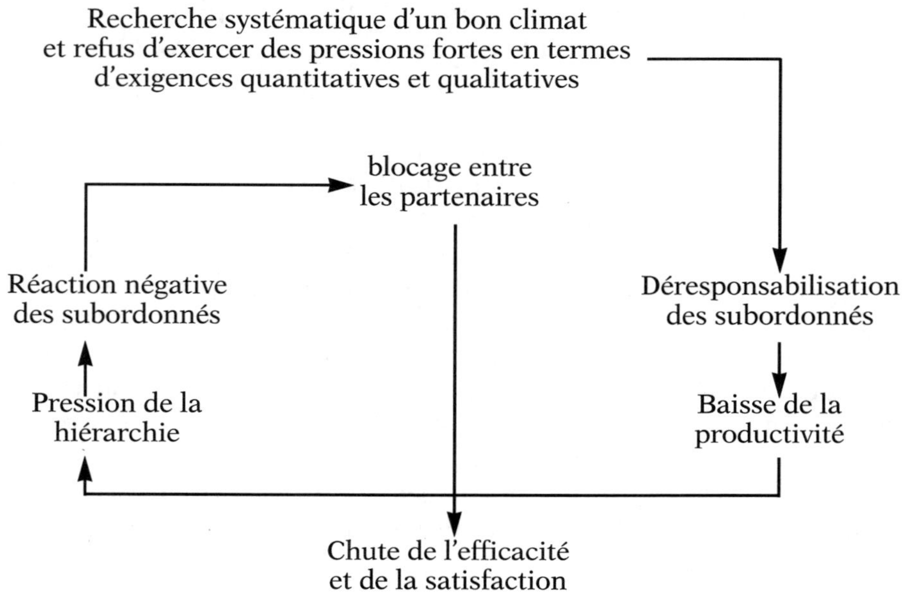

Nous voyons dans ce schéma que la variable du pouvoir n'a pas été prise en compte, *a priori*, par le manager et que l'utilisation du pouvoir hiérarchique, l'autorité officielle, pour « corriger le tir », *a posteriori*, peut être vécue par les subordonnés comme une remise en cause du contrat initial implicite. Ils ne comprennent pas ou n'acceptent pas ce revirement du management et répondent à leur manière en utilisant les pouvoirs dont ils disposent : le pouvoir de résistance et le pouvoir de blocage.

La relation managériale

La loi (l'amélioration des relations entraîne un accroissement de la productivité) semble n'être en fait qu'une relation contingente. Vouloir distinguer la qualité des relations interpersonnelles et l'efficacité du travail et, qui plus est, faire de la recherche d'un bon climat relationnel une condition préalable à l'obtention de meilleurs résultats, conduit à terme à une illusion managériale.

Au contraire, fonder les rapports de travail sur une relation managériale claire, exigeante, négociée où chacun des partenaires s'engage réciproquement sur les contributions attendues au sein de l'équipe de travail, conditionne à la fois la nature des relations et le niveau des résultats. Chacun prend ainsi conscience de façon pragmatique :

- des moyens de pressions ou d'incitations dont dispose l'autre et peut ainsi utiliser ses ressources propres, sans réserve et arrière-pensée,
- de la nécessité de meilleures relations pour mieux vivre et travailler ensemble au quotidien.

Cette démarche, reposant sur une relation négociée, développe à la fois l'autorité du responsable et l'autonomie du subordonné, facilite la réalisation quotidienne du travail et fait naître un cycle vertueux dans le couple efficacité-satisfaction qui devient en fait un couple efficacité-engagement.

Une fois résolus les aspects de planification et d'organisation nécessaires au fonctionnement d'une unité, ce sont les rapports de pouvoir entre managers et managés qui déterminent la qualité des relations humaines et des résultats.

L'efficacité et l'engagement qui agissent en synergie, deviennent alors une résultante de la relation managériale.

Tableau 55 : la relation managériale.

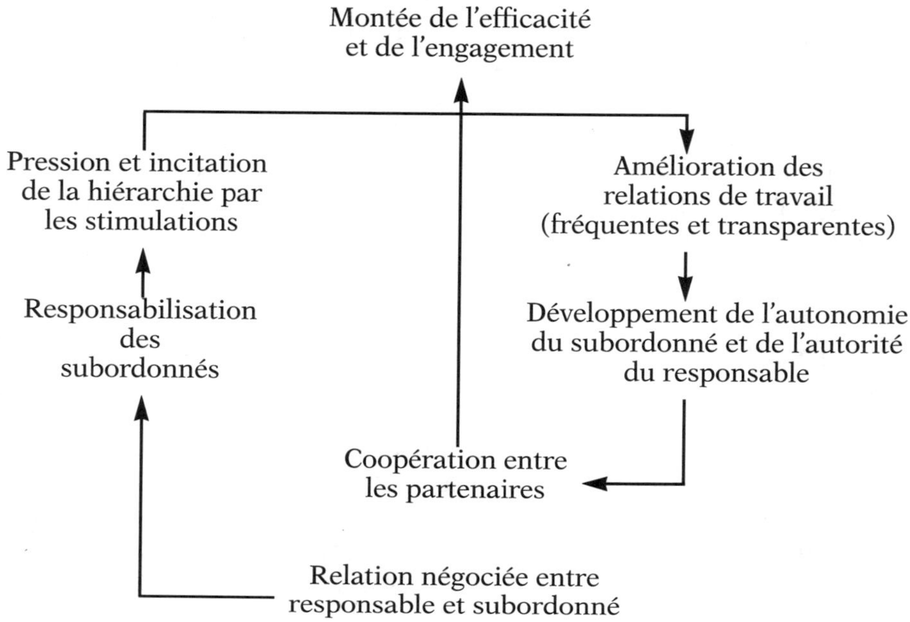

Une des raisons de l'échec, dans l'élaboration des relations managériales entre les différents partenaires, réside dans l'oubli des phénomènes de pouvoir qui facilitent ou bloquent le processus. Certains managers d'unité ont par trop tendance à aborder les relations de travail avec leurs subordonnés ou leurs propres responsables selon une vue mécaniste où le statut prime sur la fonction, où le seul modèle de référence demeure le règlement et l'organigramme. D'autres, au contraire, développent une vision idéaliste où les relations interpersonnelles occultent la notion de relation hiérarchique, où le jeu consiste à établir un égalitarisme de mauvais aloi.

Ces deux approches se heurtent en permanence à la réalité du monde du travail. Se retrancher derrière un formalisme technocratique où le chef a forcément raison selon l'article premier du décalogue du parfait manager ou verser dans un angélisme où l'univers de l'entreprise n'est pavé que de bonnes intentions, c'est faire preuve de cécité en matière de management, c'est nier toute l'énergie dépensée par le responsable pour accroître sa zone d'influence, c'est méconnaître la capacité des subordonnés à se réfugier dans une irresponsabilité irréprochable, c'est refuser de croire aux groupes de pression. L'entreprise n'est pas un terrain où « tout est pour le mieux dans le meilleur des mondes possibles » mais bien celui où les luttes d'influence, les rapports de force, les conquêtes de pouvoir s'exercent en permanence.

Tout l'enjeu du management opérationnel, pour élaborer une relation pertinente avec chaque partenaire, consiste justement à repérer la nature et le niveau des pouvoirs respectifs et à gérer des conflits d'intérêts inhérents à toute structure hiérarchique. La négociation apparaît, à ce titre, à la fois comme le terrain favori d'expression des pouvoirs et comme l'outil fondamental pour nouer un véritable contrat de management.

La négociation, outil de la conquête du pouvoir

Face aux divergences qui sous-tendent toute relation hiérarchique, nous adoptons de façon consciente ou non des attitudes diverses à l'égard de l'interlocuteur ou du groupe d'interlocuteurs ; ces attitudes s'organisent toujours autour de deux tendances fondamentales et indépendantes :

- *l'affirmation de soi* : c'est l'énergie qu'une personne déploie pour faire respecter son territoire, défendre ses positions et tenter d'atteindre ses propres objectifs ;
- *la coopération* : c'est la préoccupation qu'une personne manifeste pour les intérêts de l'autre et donc les efforts pour comprendre et satisfaire le ou les partenaires.

L'intensité avec laquelle nous utilisons ces deux tendances détermine notre attitude face aux conflits d'intérêt et positionne notre zone d'influence à l'égard de nos interlocuteurs qu'ils soient nos subordonnés ou nos responsables. Il existe cinq attitudes essentielles :

- *la démission :* c'est le refus de la confrontation. Le responsable adopte une attitude de fuite devant la situation conflictuelle et concentre son attention sur autre chose sans jamais aborder le sujet. Non seulement le conflit n'est pas résolu mais l'espace de pouvoir du manager n'existe pas ;
- *la soumission :* c'est l'acceptation sans résistance du point de vue de l'autre pour « éviter les vagues », par complaisance ou par incapacité à gérer le conflit. Le risque pour le manager est d'apparaître bien fade aux yeux des témoins

de cette soumission en n'assumant pas pleinement ses responsabilités et de perdre une part importante de son pouvoir ;

- *la domination :* c'est l'utilisation délibérée d'un rapport de force dans un esprit de conquête. Le responsable joue systématiquement l'affrontement en utilisant toutes les formes possibles de pouvoir pour l'emporter sur l'autre, jusqu'à la « corruption » (chantage affectif, chantage à l'argent, à la sanction...). Ces attitudes laissent des séquelles qui ressurgissent ultérieurement : les salariés finissent toujours par faire payer aux responsables et à l'entreprise la manière dont ils sont (mal) managés ;
- *le compromis :* c'est la volonté de retarder une confrontation ouverte avec l'autre en « coupant la poire en deux » sans réelle discussion. Le responsable qui adopte cette attitude est souvent perçu comme ambigu, peu fiable : son pouvoir personnel et son pouvoir d'expertise sont fragilisés ;
- *la négociation :* c'est l'acceptation d'une confrontation directe sur les problèmes qui sont à la base du conflit pour les définir clairement et les résoudre ensemble. Sans jamais négliger l'affirmation de ses propres propositions, le responsable démontre une véritable relation de confiance avec ses partenaires par la prise en compte de leurs points de vue et par la recherche permanente d'un contrat équitable pour les deux parties.

Tableau 56 : les modes de relation supérieur/subordonné.

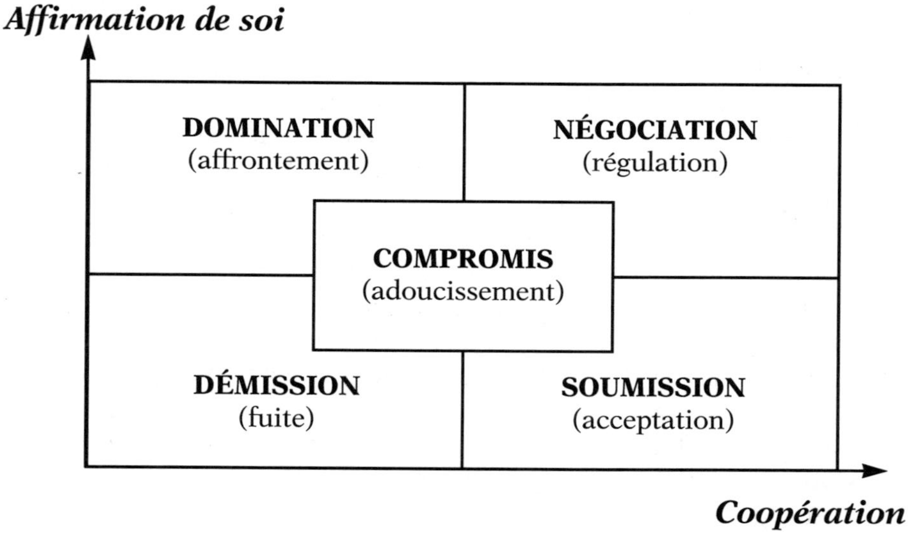

La relation supérieur-subordonné n'exclut pas, bien au contraire, un rapport de négociation. C'est parce qu'ils sont dépendants l'un de l'autre pour mener à bien une opération que la négociation devient nécessaire : la négociation est une façon implicite de reconnaître que l'autre a du pouvoir. C'est à ce prix que des décisions efficaces peuvent être prises, que des contrats peuvent être noués entre manager et managé et que la coopération peut exister dans l'unité de travail.

Au-delà du pouvoir et de la décision

Le pouvoir et la décision ne constituent donc pas des fins en soi pour le manager opérationnel mais des forces distinctes et complémentaires. Elles s'étayent mutuellement, agissent en synergie pour permettre au responsable d'exercer une influence réelle sur son environnement. Le responsable d'unité n'est pas reconnu par ses collaborateurs parce que sa position hiérarchique lui octroie un pouvoir statutaire et lui donne la possibilité d'arbitrer. Il sera respecté par l'utilisation circonstanciée, intelligente des moyens mis à sa disposition.

L'influence, forme élaborée de l'autorité, apparaît bien comme la résultante de ces deux composantes et confère au manager la crédibilité nécessaire pour faire vivre à ses collaborateurs une aventure professionnelle partagée.

« *Avoir du pouvoir, c'est ne pas avoir à l'utiliser.* »

Cette formule nous rappelle quelques vérités premières :

- un responsable qui a à sanctionner n'est pas reconnu sinon ses collaborateurs n'auraient pas « fauté » ;
- la véritable autorité, faite d'influences, séduit, crée les conditions d'une adhésion réelle, n'a pas besoin des « oripeaux » du pouvoir hiérarchique, ni de la carotte, ni du bâton ;
- développer l'appétit au travail plus que contraindre, tel est l'enjeu dont la condition première repose sur le charisme de la personne du manager, sur sa propre motivation, sur l'enthousiasme qu'il sait faire partager ;
- la coercition et la punition ne dévoilent qu'un constat d'échec des collaborateurs, certes, mais aussi du responsable qui n'a pas pu ou pas su anticiper, trouver la bonne distance, nouer une relation managériale efficace.

« *La décision n'existe pas, ou en tout cas, elle demeure introuvable.* »

Cette deuxième assertion repose sur un simple constat :

- soit la décision est constante (se lever le matin est une décision, s'habiller ou non, mettre telle ou telle paire de chaussures...),
- soit elle n'est pas repérable en tant qu'acte que l'on peut précisément isoler. D'ailleurs, la plupart des managers opérationnels restent « secs » quand on leur pose la question suivante : « Sur quel champ précis s'exerce votre rôle de décisionnaire ? »

Enfin, une observation plus profonde peut également éclairer cette affirmation : tant que l'on a à décider, c'est-à-dire à trancher entre différentes options, qu'il reste une part de doute, la lente maturation de la réflexion n'est pas terminée, le choix n'est pas fait. Une vraie décision doit avoir un pouvoir d'évidence aux yeux du décideur, à ce moment-là, il n'y a plus de choix.

CONCLUSION
POUR UNE ÉTHIQUE DE L'ACTION

I – LE TEMPS DE L'ACTION

Comme nous venons de le décrire, le management opérationnel est, avant tout, acte et non pas activisme.

Les outils, les méthodes et les principes pour mettre en œuvre les dix points essentiels sont exigeants. Il s'agit d'un travail quotidien où l'opiniâtreté et la persévérance sont plus décisives que le don ou la séduction.

Tableau 57 : les dix principes essentiels du management.

1 –	Réaliser des diagnostics portant sur les réalisations de l'unité, son fonctionnement interne et la maturité professionnelle des collaborateurs.
2 –	Définir des objectifs et des indicateurs de mesure de la performance, clairs, pertinents et acceptés.
3 –	Définir et hiérarchiser les tâches devant être réalisées par chaque collaborateur.
4 –	Répartir les tâches de manière équilibrée et adaptée tant sur le plan qualitatif que quantitatif.
5 –	Mettre en place des méthodes et des procédures de travail souples, légères et permettant de larges délégations.
6 –	Suivre et contrôler les résultats obtenus tant sur le plan individuel que collectif.
7 –	Informer régulièrement et de manière interactive.
8 –	Former ses collaborateurs « sur le tas », pour transmettre son savoir, son savoir-faire et son savoir-être et mener des entretiens de bilan réguliers.
9 –	Apprécier et valoriser les résultats obtenus par chaque collaborateur.
10 –	Faire participer les personnes concernées aux prises de décision (consultation, concertation, codécision).

Les actions essentielles du management requièrent deux conditions premières pour leur mise en œuvre :

- avoir le temps de l'action : un responsable débordé, stressé, englué par les sollicitations et les pressions de l'urgence, ne managera que par obligation c'est-à-dire pour résoudre des conflits ; il tentera de soigner ce qu'il aurait dû anticiper ;
- avoir un style d'action : agir mais pas n'importe comment, telle est la question. Ni brouillon, ni technocratique, trouver une voie médiane sans pour autant être neutre, tel est l'enjeu du style, séduire sans manipuler, être reconnu sans démagogie, rester authentique, tout en contrôlant sa spontanéité.

La question de la gestion du temps est, sans doute, la plus épineuse. Rien n'est plus personnel, intime, lié à sa structure mentale et à ses habitudes, que la gestion du temps.

Il ne s'agit pas, pour nous, de donner un modèle, de résoudre la question par des outils (planning et agenda particuliers), mais plutôt de réfléchir aux grands principes d'action.

La vie quotidienne d'un responsable est structurée quel que soit son métier autour de trois grands groupes d'activités :

Activités techniques :

- Toutes les tâches effectuées par le responsable, seul, en général dans son bureau ou devant son poste de travail, qui ont une relation avec la raison d'être et les activités de l'unité et qui concernent le savoir et le savoir-faire techniques de base de l'unité.

Activités d'information et de relations externes :

comprenant, comme tâches principales :

- Le courrier :
  - *in :* réception, tri, ventilation des documents qui arrivent,
  - *out :* production ou contrôle des documents qui sortent de l'unité.
- Le téléphone : émission et réception d'appels.
- Les rendez-vous : avec toute personne non membre de l'unité.
- Les réunions (hormis celles qui sont organisées dans le cadre du management de l'unité), en général avec d'autres services ou départements, sa direction, des organismes extérieurs, des clients ou des fournisseurs.
- Lecture et formation du responsable (presse, ouvrages techniques, économiques ou de management, journées d'information, colloques, congrès, stages de formation…)

Activités managériales (cf. les dix points essentiels).

Une première question doit être posée : « *Combien de temps passons-nous, en moyenne et à "la louche", à chacun de ces trois groupes d'activités ?* » Cette interrogation conduit à des réponses très différentes, cependant deux propos reviennent fréquemment :

- les activités managériales ne représentent que très peu de temps dans la conscience des managers opérationnels (de 5 à 20 % en moyenne) ;
- les activités techniques arrivent très largement en tête (40 à 60 %), à l'exception des responsables d'unité commerciale pour lesquels les activités d'information et de relation constituent, en fait, leurs tâches techniques.

L'analyse objective, à l'aide de méthodes d'autopointage et d'observation directe, fait apparaître tout autre chose.

Ce ne sont pas les activités techniques qui empêchent le responsable de manager mais bien plutôt le deuxième groupe d'activités. Constamment sollicité, opprimé par des interlocuteurs externes, ayant toujours des demandes urgentes et importantes, sans cesse dérangé et interrompu, le responsable ne manage pas, même, et y compris, son propre temps de vie.

Dans ce monde de la micro-décision, de la réponse spontanée aux *stimuli* externes, les journées passent vite et les années aussi. Le véritable frein du management est bien là, dans ce temps morcelé et liquide où les bonnes intentions, les plages de temps prévues pour la réflexion, où les entretiens avec les membres de son équipe, sont systématiquement reportés *sine die*.

Comment analyser ce phénomène qui est trop fréquent pour être balayé par quelques slogans racoleurs du type « *il faut savoir résister aux pressions externes* », « *il faut savoir dire non* », « *il suffit de planifier et de s'y tenir* » ?

Trois grandes explications se dégagent :

La confusion entre l'importance et l'urgence

Ce qui est urgent est toujours important, du moins le croit-on. Sans anticipation, le curatif doit être sans cesse réitéré.

La seule solution à mettre en œuvre par le responsable, pour une unité constamment sollicitée par des clients internes ou externes, consiste à concevoir une structure frontale, véritable assistance de direction qui filtre, trie, sélectionne et traite elle-même 80 % des interruptions.

La confusion entre l'action et la réaction

Agir est un choix, une mise en œuvre librement consentie, voulue et prévue. Il s'agit d'un temps solide que l'on peut anticiper. Agir est l'apanage de l'homme libre.

Dans la réaction, le manager est comme le chien de Pavlov, il salive à la clochette, il répond présent en brave petit soldat à toute demande émanant de qui que ce soit et pour quoi que ce soit.

Il est « esclavagisé » par son entourage (dirigeant, supérieur hiérarchique, collègues, clients, fournisseurs...).

De plus, il se croit indispensable, pivot central de son petit monde, important car décisionnaire, en fait, simple machine à répondre aux préoccupations d'autrui. Ce constat est d'autant plus cruel qu'il concerne chacun d'entre nous.

La confusion entre son rôle de manager et d'exécutant

En observant de près toute vie professionnelle, on peut noter la progression suivante :

- la première affectation est presque toujours à dominante technique ;
- en cas de réussite, du moins peut-on l'espérer, des activités d'information, de relations publiques et de relations externes viennent enrichir la fonction. Ce premier passage est, en général, aisément surmonté de par la nature même de ces tâches (urgence, sollicitations, réactions...). En fait, on n'a pas le choix ;

- un rôle de manager vient enfin sanctionner cette réussite. Ce deuxième passage est beaucoup plus épineux. Personne, sauf exception ou conflit ouvert, ne viendra exiger une mise en acte de ces activités. Le responsable opérationnel devra lui-même accorder un temps librement consenti pour tenir son rôle. Sans formation spécifique, ni pression hiérarchique, la tentation de l'oubli de ses priorités managériales est forte et fréquente.

Quelques règles simples

Des principes essentiels doivent guider l'organisation du travail d'un manager opérationnel. Il peut sembler paradoxal, peut-être trivial, de les préciser dans cette clôture.

Nous allons néanmoins le faire et, ainsi, marquer un de nos « *credo* ».

Gérer son temps est une condition préalable au management. Sans détermination claire de ses priorités et règles d'organisation, rien ne peut être entrepris, les actions seront remisées dans le tiroir des intentions.

Première règle : Faire d'une activité technique, une activité managériale

Profiter d'une tâche quelconque pour mener une action de formation, faire d'« une pierre deux coups ». Il nous faut, ici, « tordre le cou » à une idée reçue, il n'y a pas d'opposition entre la technique et le management pour un responsable opérationnel.

Un responsable d'unité se doit d'être un très bon praticien des activités qu'il supervise, il doit simplement, plutôt que de réaliser seul des tâches, profiter de toutes les occasions qui se présentent pour utiliser ce temps à former, à transmettre, à élever le niveau d'expertise de ses collaborateurs.

Cela lui prendra plus de temps peut-être mais l'investissement « en vaut la chandelle ».

De plus, sachant qu'il faut être un meilleur technicien pour former que pour réaliser, cette action managériale le conduira à progresser lui-même.

Une dernière objection nous est souvent faite : « *je suis le seul à savoir réaliser cette tâche.* »

La réponse est évidente : la priorité est donc de former une autre personne et rapidement pour accroître l'indice de recouvrement de l'activité. Sinon, il y a danger en cas de maladie ou de départ du responsable pourtant indispensable.

Deuxième règle : Faire ouvrir, trier, ventiler le courrier par un collaborateur (de préférence une assistante) préalablement formé

Beaucoup de responsables s'imaginent contrôler la situation en ouvrant le courrier entrant, ils ne font qu'un travail de secrétaire, se noient dans les détails, perdent de vue les priorités. Le plus grave est surtout qu'ils se privent, se faisant, de former une personne dont la sédentarité du poste rend décisive son information complète.

Une secrétaire-assistante ou un assistant quelconque, toujours présents, au courant de toutes les « affaires », peuvent servir de filtre et libèrent le responsable opérationnel des contingences. Que cette activité ne prenne qu'un quart d'heure n'est en rien une excuse. Il faut être avare de son temps plus que de son argent, surtout si, du même coup, cela enrichit les autres.

Troisième règle : Mettre en œuvre des principes de délégation par nature de documents

Définir clairement une classification de l'ensemble des documents qui sortent de l'unité de façon à mettre en place un système de délégation discriminant : ce que le responsable veut contrôler *a priori*, ce qui peut sortir sans son visa.

Si l'on ne peut pas toujours éviter le cérémonial du parapheur, il faut par contre se dispenser de devenir un instituteur corrigeant l'orthographe et la grammaire et notant la copie de ses collaborateurs à propos de documents de troisième ordre d'importance.

Quatrième règle : Maximiser le nombre d'appels téléphoniques donnés par rapport au nombre d'appels reçus

Un appel donné peut être préparé et planifié ; il s'agit d'un temps solide et non d'une interruption. La préparation d'un entretien téléphonique est aujourd'hui aussi décisive que celle d'un entretien ou d'une réunion ; des décisions parfois très importantes se prennent à cette occasion. Des erreurs ou des oublis entraînent des appels en chaîne.

Trois principes peuvent faciliter la mise en œuvre de cette règle :

- Anticiper, c'est-à-dire se poser la question « *Quels sont les interlocuteurs qui ont besoin de m'entendre ?* » En moyenne, 20 à 30 % des appels peuvent ainsi être anticipés. La réussite se traduit toujours par la même phrase : « *Justement, je comptais vous appeler.* »
- Etablir un contrat de relation systématique avec ses interlocuteurs permanents (par exemple : « *je vous appelle tous les vendredi à 16 heures* »).
- Faire filtrer ses communications par une personne :

  • apte à traiter en direct tout ce qui est urgent, mais pas important,
  • apte à ventiler vers d'autres interlocuteurs,
  • apte à prendre les rendez-vous téléphoniques pour ce qui est important mais pas urgent.

Cinquième règle : Faire représenter l'unité par un de ses collaborateurs pour toutes les réunions ou entretiens où sa présence n'est pas obligatoire

Cette règle ne nécessite pas de long développement, il suffit de se poser une question simple : « *Pourquoi moi et pas un autre ?* » Certains trouveront toujours de bonnes raisons pour légitimer leur présence, tant pis pour eux !

Sixième règle : Considérer sa propre formation comme une priorité essentielle et lui consacrer le temps qu'il convient

Le risque le plus important se trouve bien là. La première chose que l'on sacrifie est son propre développement. Pourtant, si un responsable veut nourrir son équipe, il doit, en permanence, s'alimenter. Le savoir et le savoir-faire ne sont pas un capital qui fructifie, il s'agit bien plutôt d'un budget que l'on dépense.

La mise en œuvre de ces lignes de conduite peut sembler difficile. Lorsque l'on y est habitué, elles semblent indispensables, « hygiéniques » tant pour le corps que pour l'esprit. Elles libèrent et ouvrent grand le champ de l'action managériale.

Après avoir créé l'espace de l'action, il faut maintenant s'interroger sur le style.

II – LE STYLE DANS L'ACTION

En dépit des différences de dénomination, les typologies, en matière de style de management, restent relativement stables ; elles mettent en exergue cinq styles de management:

La typologie classique des styles de management

Le laisser-faire

Il correspond à 1/1 dans l'approche de Blake et Mouton *.

Le type laisser-faire est celui qui laisse aller la barque, évite les contacts, fuit les décisions ou la prise de responsabilité :

- soit par démotivation,
- soit par frilosité,
- soit par manque d'intérêt (il ne s'occupe que de technique).

Il développe, au sein de son équipe, trois types de réactions :

- certains collaborateurs, ravis, laissent libre cours à leur créativité et à leurs initiatives ;
- d'autres entrent en guerre pour conquérir ce qui est laissé vacant, c'est-à-dire le leadership ;
- d'autres encore jouissent ou souffrent de l'oisiveté.

---

* R.R. Blake, J.S. Mouton, A.C. Bidwell, *The managerial grid*, Advanced management office executive, 1962. Ces auteurs ont représenté les différents styles de management sur un graphe indiquant :

- en abscisse : l'intérêt porté par le manager à la dimension efficacité,
- en ordonnée : l'intérêt porté par le manager à la dimension humaine de son rôle.

Le paternaliste

Il correspond à 1/9 dans l'approche de Blake et Mouton.

Il recherche, avant tout, « l'amour » (en tout bien, tout honneur) de ses collaborateurs. Un bon climat reste sa quête essentielle.

Il protège, surprotège même, il vole au secours de la moindre défaillance ou difficulté. Il n'hésite pas à contrebalancer les insuffisances des collaborateurs par un surtravail. Il camoufle les manques de compétences en se substituant à l'opérateur.

Ce style repose sur un humanisme réel, d'ailleurs ses collaborateurs l'aiment bien, même s'il agace certains.

Le véritable problème de ce style réside dans le fait qu'il ne développe ni les compétences, ni l'engagement des membres de l'équipe.

L'autocrate

Il correspond à 9/1 dans l'approche de Blake et Mouton.

Il n'a pas d'état d'âme. La clarté est d'ailleurs sa force. Il dirige et décide, les autres exécutent. Les tâches de chacun sont précisément définies et contrôlées, les objectifs sont limpides, les sanctions aussi.

L'autocrate peut être séduisant, habile, brutal, petit chef, caricatural, technocratique, charismatique ; qu'importe, il reste figé sur une perception du monde et des rôles de chacun, la tête et les jambes, le chef et les exécutants.

Un autocrate durant une période plus ou moins courte, en fonction de son visage, génère du résultat. Il est l'homme du court terme, de la gestion de crise. La durée reste le danger qui le guette ; au-delà de 3 à 5 ans, il insupporte, « produit » des conflits, des démissions (dans tous les sens du terme), des guerres.

L'alternatif

Il correspond à 5/5 dans l'approche de Blake et Mouton.

Il se leurre souvent sur son compte. Il se croit le manager de la mesure, qui sait arbitrer entre les impératifs d'efficacité et de climat relationnel. En fonction des situations, il sait sévir ou excuser.

En fait, ce n'est qu'une girouette qui « tricote » son style au gré du vent, au gré des résultats de l'unité. Quand tout est calme, les objectifs en vue, il adoptera une attitude paternaliste ; par contre, en cas de difficultés, d'erreurs, d'urgence, il saura prendre le masque de l'autocrate et jouer ce rôle sans défaillance.

Ce style de management peut durer et perdurer sans éclat au sein de l'unité, comme la médiocrité des résultats qu'il génère : « *Ça va.* »

Le participatif

Il correspond à 9/9 dans l'approche de Blake et Mouton.

Il est l'homme du moyen terme. A brève échéance, les résultats de son unité peuvent être inférieurs à ceux de l'autocrate ou du paternaliste. Il doit d'abord constituer son équipe, la former, la motiver, déléguer un certain nombre de tâches.

Le style participatif repose sur une croyance simple : « *Seule une équipe motivée, formée, prenant des initiatives, jouissant de larges délégations, pourra à moyen terme dégager des résultats durables.* »

Toute typologie est caricaturale et, trop longtemps, les théoriciens du management ont culpabilisé de nombreux responsables qui ne répondaient pas aux caractéristiques du style participatif, figure emblématique de la norme idéale du management.

L'approche situationnelle

L'approche situationnelle, développée par Hersey et Blanchard *, a le mérite de sortir des classifications, peu ou *prou*, modélisantes proposées jusqu'alors.

---

* P. Hersey, K.H. Blanchard, *Management of organisational behavior : utilizing human resources*, Englewood Cliffs, N.J., Prentice Hall, 1972.

Le manager doit savoir utiliser une palette de style de management :

Adapté à la situation :

- directif pour une période de crise où il faut produire du résultat de court terme,
- participatif pour une période de croisière où le bon niveau de résultats permet d'investir pour demain.

Adapté au niveau de maturité professionnelle de chaque collaborateur :

- autocratique avec un collaborateur ni compétent, ni motivé,
- paternaliste avec un collaborateur peu compétent mais motivé,
- participatif avec un collaborateur compétent mais peu motivé,
- laisser-faire avec un collaborateur compétent et motivé.

> Sur ce dernier point, le manager ne doit, bien entendu, pas adopter l'intégralité des comportements de chaque style, mais plutôt, à l'intérieur d'une dominante participative, savoir donner une coloration particulière à ses attitudes en fonction de la situation.

Très précisément, le responsable opérationnel doit négocier son style de management :

- avec son équipe, en fonction du contexte économique global,
- et avec chaque collaborateur, en fonction de ses résultats et de ses compétences.

L'approche situationnelle a, certes, le mérite d'exclure une vision monolithique d'un modèle parfait et toujours adapté ; par contre, elle s'avère d'autant plus exigeante qu'elle nécessite une pluralité de registres utilisés avec pertinence pour chaque situation et chaque collaborateur.

Tableau 58 : l'approche situationnelle du management.

ANALYSE DE LA SITUATION

PÉRIODE DE CRISE	PÉRIODE DE CROISIÈRE
Caractéristiques • Niveau de résultats insuffisant • Environnement mouvant • Concurrence intense • Pérennité en question	**Caractéristiques** • Niveau de résultats insuffisant • Environnement stable • Avantages concurrentiels indiscutables
STYLE DE MANAGEMENT A DOMINANTE AUTOCRATIQUE	STYLE DE MANAGEMENT A DOMINANTE PARTICIPATIVE

ANALYSE DE LA MATURITÉ PROFESSIONNELLE DES COLLABORATEURS

COMPÉTENCE (↑)

A3 : COMPÉTENT PEU MOTIVÉ	A4 : COMPÉTENT ET MOTIVÉ
style de management à dominante participative	style de management à dominante laissser-faire
A1 : NI MOTIVÉ NI COMPÉTENT	A2 : MOTIVÉ PEU COMPÉTENT
style de management à dominante autocratique	style de management à dominante paternaliste

MOTIVATION (→)

Le manager doit être, non seulement capable d'analyser et d'évaluer chaque contexte, mais aussi d'adopter les attitudes et les comportements adaptés.

Pour cela, il lui faut jouer en permanence sur trois registres :

- ***L'Autorité :*** il s'agit du pouvoir formel qui lui est conféré de par sa position hiérarchique, la partie du pouvoir de direction qui lui est déléguée.
- ***Le Leadership :*** il s'agit d'une autorité informelle qui lui est reconnue par ses collaborateurs, du fait de ses capacités à proposer une direction (un objectif), une méthode pour y parvenir (une organisation et un plan d'action), une coordination qui assure la cohésion des efforts de chacun et la valorisation de tous.
  Le leadership est d'essence relationnelle, il repose sur la capacité d'écoute, de compréhension, de communication du responsable. Il sait nouer des relations fortes et positives avec chaque membre de son unité.
- ***Le Charisme :*** il s'agit d'une puissance ou d'une séduction personnelle du responsable, indéniable et reconnue de tous. Le charisme présente deux images :

- en séduction, il est étayé par le verbe du manager, sa capacité à développer un discours « *quasi* messianique », à entraîner dans le tourbillon d'un rêve accessible,
- en puissance, il repose sur la force de travail, l'exemplarité de ses propres efforts, l'étendue « *quasi* magique » de ses compétences.

Ces trois piliers fondent le style de management :

Tableau 59 : les trois piliers du style de management.

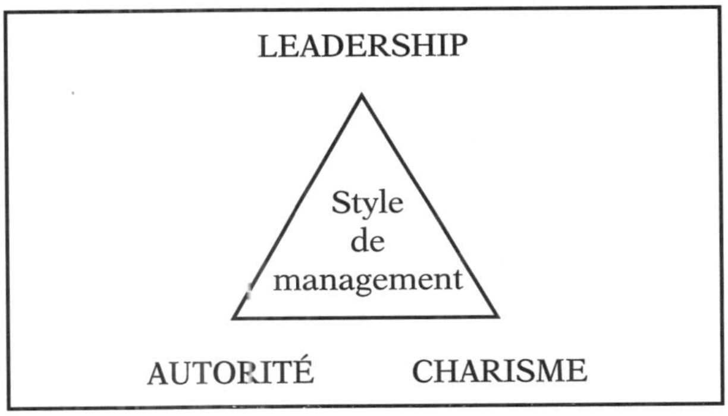

L'équilibre entre ces forces permet de jouer sur tous les registres et toutes les dominantes ; par contre, l'existence d'un seul niveau réduit à néant toute possibilité de mise en œuvre d'un management différencié :

– L'Autorité, seule, conduit au syndrome du « petit chef » et de l'autocrate.
– Le Leadership, seul, conduit au syndrome du « *boy-scout* » et du paternaliste.
– Le Charisme, seul, conduit au syndrome du « monstre » et de l'alternance de l'autocratie et du laisser-faire :

- le « charisme en puissance » conduit plutôt à un style « laisser-faire » et au syndrome du manager expert,
- le « charisme en séduction » conduit plutôt à un style autocrate dans son versant manipulateur.

Le degré d'intensité de chacune de ces composantes du pouvoir personnel d'un responsable est moins décisif que l'équilibre de ces trois forces.

Chaque manager, par ce qu'il est, dispose d'un (ou de deux) domaine(s) de prédilection (l'autorité, le charisme ou le leadership), il doit s'efforcer de développer et de remettre à niveau les dimensions qui lui manquent ou qui sont trop faiblement exprimées.

Il ne s'agit jamais de réduire, de retrancher un de ces éléments mais, simplement, d'étendre son registre d'expression pour pouvoir exprimer, en fonction de chaque situation, un style de management différencié.

Cet effort peut paraître difficile, voire impossible, « *On ne change pas, c'est bien connu* ». Il n'en est rien, l'approche des capacités relationnelles prouve le contraire.

Les capacités relationnelles

Dans notre approche, les capacités relationnelles ne sont en rien représentatives d'une personnalité. Il ne s'agit pas de faire de la psychologie des profondeurs, mais de décrire des comportements et des attitudes apparents qui reflètent les relations que nous entretenons avec autrui.

Pour simplifier, quatre grandes composantes constituent les capacités relationnelles ; il s'agit de continuum comprenant à leurs extrêmes des polarités opposées :

Tableau 60 : continuum des capacités relationnelles.

DOMINATION	←------→	SOUMISSION
COMPETITION	←------→	COHESION
FROIDEUR	←------→	IMPLICATION AFFECTIVE
TENDANCE à l'ISOLEMENT	←------→	TENDANCE aux CONTACTS

Chaque composante est totalement indépendante des autres. Ainsi, une personne peut rechercher la domination et s'intéresser avant tout à la cohésion d'équipe, et pourtant être froid dans les contacts qu'elle recherche avidement.

Pour chaque composante, nous pouvons, d'une manière certes théorique, isoler quatre positions :

CAPACITÉS RELATIONNELLES

Les 4 principales composantes de la relation aux autres

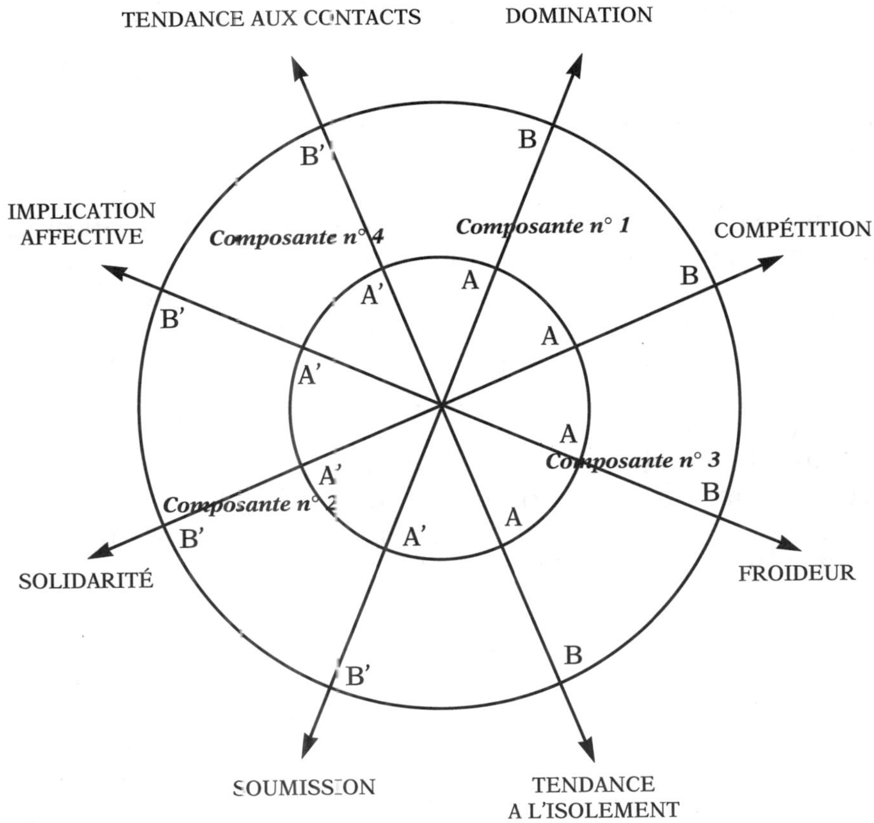

B : Attitudes et comportements exprimant très fortement l'une des polarités.
B' : Attitudes et comportements exprimant très fortement l'autre polarité.
A : Attitudes et comportements exprimant une tendance mesurée pour l'une des polarités.
A' : Attitudes et comportements exprimant une tendance mesurée pour l'autre polarité.

Les **positions extrêmes** (B et B') enferment dans un monde relationnel, dans un, et un seul, style de management affirmé dans toutes situations rencontrées.

Les relations à autrui présenteront des risques conflictuels et l'adoption d'un management différencié s'avérera impossible. Ces réflexions n'ont aucune portée péjorative, Alexandre le Grand, Napoléon, Charles de Gaulle ou Winston Churchill n'étaient, certes, pas des tièdes, cela ne les a pas empêchés de réussir, du moins pendant un certain temps et dans certaines situations.

Les **positions médianes** (A et A') permettent de jouer sur tous les registres du management situationnel et de faire face, avec efficacité, à tous types de collaborateurs ou de défis.

Les relations à autrui seront harmonieuses et l'espace de la négociation sera toujours ouvert.

Dans le cadre du management opérationnel, **et seulement dans ce cadre**, le responsable doit savoir faire preuve de modération relationnelle ; cette maîtrise de soi étant la juste contrepartie (la maturité dont il doit faire preuve) de l'exercice de l'autorité hiérarchique qui lui est conférée.

Si l'inversion des polarités, le passage de la domination à la soumission par exemple, n'est pas possible et d'ailleurs pas souhaitable, le passage d'une position extrême à une position médiane sur ce continuum de la dominante relationnelle n'est pas un effort exorbitant, il ne nécessite qu'un peu de maîtrise de soi et de régulation de ses nerfs.

Tableau 61 : les composantes des capacités relationnelles.

ILLUSTRATION POUR CHAQUE COMPOSANTE DES 4 POSITIONS

Composante n° 1 DOMINATION-SOUMISSION	**Composante n° 2** COMPÉTITION-SOLIDARITÉ	**Composante n° 3** FROIDEUR-IMPLICATION AFFECTIVE	**Composante n° 4** TENDANCE A L'ISOLEMENT OU AUX CONTACTS
B On a parfois l'impression qu'il se sent supérieur. Il a du mal à accepter un avis différent du sien et peut se montrer blessant.	**B** « Chacun pour soi et Dieu pour tous » ou « après moi, s'il en reste ». Telles pourraient être ses devises.	**B** Il a quelque chose d'un ordinateur : une logique implacable... mais les sentiments ne sont pas au programme ! (Par peur)	**B** Quand il consent à quitter sa tour d'ivoire, c'est pour agir en franc-tireur.
A Il ose s'affirmer et sait se faire respecter, sans craindre de s'exposer à la critique.	**A** Il aime relever les défis, rivaliser avec les autres, et il sait prendre des riques. Bref, il est un gagneur.	**A** Il a le sens des réalités et sait garder la tête froide au milieu des passions.	**A** Il sait mener sa barque, comme un grand. Il est débrouillard. Il n'est pas dépendant.
A' Il sait faire des compromis en tenant compte des rapports de force.	**A'** On peut compter sur lui pour un coup de main. Il sait y mettre du sien et ne rechigne pas à faire un geste dans l'intérêt général.	**A'** Sa présence chaleureuse donne envie de partager ses enthousiasmes.	**A'** Il sait aller vers les autres. On se sent aussi à l'aise pour lui proposer une aide que pour lui demander conseil.
B' Il se laisse un peu trop marcher sur les pieds...	**B'** Il fait confiance aux autres, trop, peut-être... Et il est souvent déçu. Son bon cœur le perdra.	**B'** Il est parfois le jouet de ses émotions. On voudrait lui faire plaisir mais on a parfois peur de le blesser...	**B'** Il est peu envahissant par ses demandes incessantes ou son insistance à rendre service.

III – LE PLAN D'ACTION MANAGÉRIAL (P.A.M.)

Pour conclure, nous souhaitons proposer, à tout responsable opérationnel, une sorte de mise en ordre des priorités, répondant aux questions suivantes : quel chemin suivre pour mettre en œuvre un management opérationnel performant ? Quelles sont les principales étapes et par quoi faut-il commencer ?

Première Action

Offrons-nous le luxe de la contradiction, la première action n'est pas une action, c'est d'ÊTRE dont il s'agit.

Être positif

Rester calme et serein en toutes circonstances, tel est le premier impératif.

Bien sûr, il s'agit d'un lieu commun, pourtant il n'en est pas moins vrai.

Un responsable négatif, critique, qui se plaint, qui « casse sans cesse du sucre sur le dos » de ses collaborateurs, collègues, hiérarchiques, qui a toujours le visage des mauvais jours, ne peut rien faire de bon. Quoiqu'il fasse, il ne sera jamais crédible.

Ce savoir-être positif s'exprime, en permanence, au travers du style de management, des relations quotidiennes, des entretiens, des réunions. Il permet surtout de créer un climat de participation où toutes les propositions, toutes les initiatives, toutes les idées nouvelles ne sont pas systématiquement balayées par la dérision, le cynisme et la négativité.

Soyons rassurés, « être positif » nécessite également trois actes fondateurs du management opérationnel :

- élaborer un projet fédérateur, s'appuyant non seulement sur les objectifs mais sur des valeurs, proposant un défi partagé par tous les collaborateurs,

- constituer son unité, son groupe de référence réunissant tous les collaborateurs directement rattachés au manager, et le faire vivre par une réflexion commune sur son devenir,
- gérer son temps, pour dégager le temps de l'action et de la réflexion managériale. Un responsable stressé, en retard, débordé par toutes sollicitations, ne restera pas longtemps positif.

Deuxième Action

Stimuler avant tout

La mise en œuvre de la technique de stimulation est l'essence même du management opérationnel dans son versant relationnel. Elle tire la majorité des autres actes de management, elle les rend nécessaires et évidents. Les contrats managériaux, les objectifs individualisés, les entretiens, les *briefings*... trouvent naturellement leur place dans cette pratique.

Troisième Action

Concevoir et faire vivre un système d'information et de communication

Organisé autour de *briefings*, de réunions mensuelles et d'entretiens individuels de suivi.

Suite logique de l'action précédente, le système d'information et de communication est totalement connecté à la technique de stimulation.

Nous ne les séparons que dans un souci de clarté de présentation.

Quatrième Action

Un seul mot suffit : former

Il s'agit peut-être là d'une des spécificités essentielles du management opérationnel. Le responsable doit conserver sa compétence technique, pas simplement pour suivre et contrôler, mais surtout pour transférer son savoir, son savoir faire et son savoir être à ses collaborateurs.

Sans ce passage de témoin, l'entreprise vieillit, s'appauvrit, perd son capital « compétence » à chaque fois qu'un manager s'en va. Un responsable opérationnel apporte une richesse à chacun de ses collaborateurs sinon il n'est rien dans la mémoire de ceux-ci et dans la performance durable de l'entreprise.

Cinquième Action

Déléguer pour être efficace

La délégation accompagne et suit l'action précédente. Déléguer n'est pas un acte de foi, ni de courage, encore moins philanthropique ; il s'agit simplement de bon sens. Dès qu'un collaborateur a le niveau de compétence et de motivation requis, moyennant contrôle des résultats, la délégation permet à la fois de répondre aux légitimes aspirations d'initiatives et de responsabilité et de soulager la gestion du temps du manager.

Sixième Action

Gérer les changements organisationnels

Ils sont nécessaires à la performance de l'unité, n'intervient qu'en sixième et dernier rang, non pas d'importance, mais de mise en œuvre.

Nous voulons clairement indiquer la croyance suivante :

A moins d'une extrême urgence et/ou d'une mission confiée par la Direction Générale, le responsable opérationnel, à la suite de sa prise de fonction, doit d'abord prendre le temps du recul, de constituer son équipe, de définir un projet, de tisser des relations de confiance avec chacun, de réfléchir et d'analyser l'existant avant de vouloir modifier l'organisation.

Rien n'est plus désagréable pour une équipe que de voir chaque nouveau responsable « débarqué » avec, dans ses bagages, un projet de réorganisation. L'existant n'est pas forcément mauvais et le changement pas nécessairement souhaitable. L'avenir radieux peut s'avérer un cauchemar et les errances du passé une solution qui reste d'actualité. Un changement qui ne correspond pas à un besoin, qui ne conduit pas à créer du neuf utile, n'est qu'une agitation stérile.

LISTE DES TABLEAUX

Tableau 1 : niveau hiérarchique et groupe d'appartenance 16
Tableau 2 : l'unité, groupe de management 19
Tableau 3 : les dix points essentiels du management opérationnel ... 29
Tableau 4 : la formulation de l'objectif 39
Tableau 5 : le diagnostic externe 50
Tableau 6 : le diagnostic interne 55
Tableau 7 : les niveaux d'autonomie 58
Tableau 8 : les objectifs individuels et le niveau d'autonomie 60
Tableau 9 : le continuum de l'efficacité 68
Tableau 10 : la spécialisation et la polyvalence : avantages/inconvénients 70
Tableau 11 : les écueils de la définition des tâches 73
Tableau 12 : la distinction entre le domaine des objectifs et des activités 75
Tableau 13 : le tableau de répartition des tâches 78
Tableau 14 : le niveau de compétence acquise 81
Tableau 15 : le tableau des compétences acquises 81
Tableau 16 : le procédogramme (exemple) 85
Tableau 17 : la fiche de poste 87
Tableau 18 : le schéma d'analyse des moyens à acquérir 90
Tableau 19 : les dix phases de l'optimisation organisationnelle 91
Tableau 20 : le plan d'action de l'unité (illustration) 96
Tableau 21 : le tableau de bord (illustration) 98
Tableau 22 : le tableau de bord type 99
Tableau 23 : le compte rendu de la réunion mensuelle de suivi (document type) 104
Tableau 24 : le compte rendu de l'entretien de suivi des objectifs individuels (document type) 106
Tableau 25 : la nature du contrôle selon le niveau d'autonomie 110
Tableau 26 : relevé de production d'un atelier de tréfilerie 112
Tableau 27 : résultats d'un atelier de fabrication de « feuillards » 113
Tableau 28 : la distinction entre réunion d'unité et *briefing* collectif ... 133

Tableau 29 : les sept phases de la conduite d'un entretien de management 135
Tableau 30 : distinction entre *briefing* individuel et entretien de management 139
Tableau 31 : le système d'information et de communication 140
Tableau 32 : l'interaction entre formation et délégation 146
Tableau 33 : le plan interne de formation et de délégation 148
Tableau 34 : les niveaux de contrôle 149
Tableau 35 : le *coaching* 158
Tableau 36 : récapitulatif des techniques de formation en situation de travail 162
Tableau 37 : la démarche générale de délégation 163
Tableau 38 : modèle de fiche de délégation 169
Tableau 39 : les différents types de stimulation 178
Tableau 40 : les effets de chaque type de stimulation 180
Tableau 41 : la technique de stimulation 184
Tableau 42 : le cycle permanent de l'appréciation 185
Tableau 43 : l'appréciation des résultats et de la maîtrise de l'emploi 189
Tableau 44 : les étapes de l'entretien annuel d'appréciation 193
Tableau 45 : la description du poste réellement occupé 194
Tableau 46 : l'analyse des résultats 195
Tableau 47 : la maîtrise de l'emploi 196
Tableau 48 : contrat et objectifs 197
Tableau 49 : le triple enjeu de la décision 202
Tableau 50 : les forces convergentes de l'influence 206
Tableau 51 : stratégie du manager opérationnel face à la notion de responsabilité 208
Tableau 52 : les zones d'influence hors la décision 213
Tableau 53 : les zones d'influence dans la décision 218
Tableau 54 : l'illusion de l'école des relations humaines 220
Tableau 55 : la relation managériale 222
Tableau 56 : les modes de relation supérieur/subordonné 224
Tableau 57 : les dix principes essentiels du management 229
Tableau 58 : l'approche situationnelle du management 240
Tableau 59 : les trois piliers du style de management 241
Tableau 60 : continuum des capacités relationnelles 243
Tableau 61 : les composantes des capacités relationnelles 245

INDEX

A

Activité (concept d') 71, 75
Activité (direction par) 36
Activité (du manager) 229-236
Appréciation 173, 185-198
Appréciation (entretien annuel) 193-198
Autonomie 57-59
Autorité 241-242

B

Briefing collectif 121-124, 126, 132-133, 153-154
Briefing individuel 125, 139, 151-153

C

Capacités relationnelles 242-243, 245
Charisme 241-242
Coaching 157-159
Compétences acquises 80-81
Concept d'unité 16
Contrat managérial 107-110
Contrôle (dysfonctionnement) 27
Contrôle (niveaux de) 109, 149
Contrôle des résultats 110-114
Coordination (dysfonctionnement) 25

D

Décision 200-204, 206, 209, 214
Délégation 144, 161, 212
Démotivation 20
Diagnostic d'autonomie 57-59
Diagnostic externe 48-51, 55
Diagnostic interne 52-55

E

Ecole des relations humaines 12
Entretien individuel de management 134-135, 139
Entretien de bilan 27

F

Fiche de poste 84, 86-88
Formation 143-144
Formation (plan interne) 146
Formation (réunion de) 160-161
Formation par la démonstration 154-155
Formation par réalisation conjointe 155-157
Formation sur le terrain 26

G-H

Gestion du temps 229
Groupe d'appartenance 16
Groupe de management 19

I-J-K

Indicateur de mesure de l'objectif 44-47
Indicateur de mesure de l'objectif (dysfonctionnement) 23
Influence 204-209
Information 119-120
Information (participation) 25
Information intégratrice 119, 126
Information motivationnelle 119, 132
Information opératoire 119-121

L
Leadership 14, 241-242

M
Management (définition et historique) 11-12
Management (style de) 14
Management opérationnel 15-19
Management participatif 13-14

Management stratégique 15-19
Maturité professionnelle 56
Méthodes et procédures 71, 74
Motivation (approche motivationnelle) 12, 56

N
Niveau hiérarchique 16-19

O
Objectif 33
Objectif (concept de) 37
Objectif (direction par) 36
Objectif (dysfonctionnement) 22
Objectif d'activité 42, 48
Objectif d'unité 42, 47, 56
Objectif de fonctionnement 42, 52
Objectif de production 43
Objectif de progrès 43
Objectif individuel 56, 59-60
Objectif opérationnel 43, 60
Organisation 63
Organisation (dysfonctionnement) 23-24
Organisation et méthodes 65

P
Plan d'action 44, 94, 246
Polyvalence 68, 81
Pouvoir 33, 199, 204-205, 219
Prévision (dysfonctionnement) 22
Procédogramme 83, 85
Projet fédérateur 61, 217
Projet individuel 216-217

R
Raison d'être 71-72
Reporting individuel 100
Réunion d'unité 127-132, 140
Rivalité 20

S
Standardisation (spécialisation) 67
Stimulation 173-184
Styles de management 236, 239
Suivi des objectifs individuels (entretien de) 105
Suivi des résultats 27, 115
Suivi des résultats de l'unité (réunion de) 103
Suivi opérationnel 94
Système de valeur 21

T
Tableau de bord 97
Tâches 71
Tâches (définition des) 23, 72-73
Tâches (direction par) 34
Tâches (répartition des) 24, 73-74
Taylorisme 12, 35

U
Unité 18

BIBLIOGRAPHIE

I – OUVRAGES DE RÉFÉRENCE

Blake R.R., Mouton J.S., Bidwell A.C., *The managerial grid*, Advanced management office executive, 1962.
La célèbre approche des styles de management, à partir des deux dimensions de l'efficacité et des aspects humains, est développée par les auteurs qui définissent précisément chaque style de management (attitudes, comportements, actions) et leur efficacité respective.

Crozier M., Friedberg E., *L'acteur et le système*, Editions du Seuil,1977.
Ouvrage de référence qui décrit l'analyse stratégique et le jeu des acteurs au sein d'une entreprise.

Hersey P., Blanchard K.H., *Management of organisationnal behavior : utilizing human resources*, Englewood Cliffs N.J. Prentice Hall, 1972.
L'approche situationnelle développée par ces auteurs a rénové les typologies normatives des styles de management en fondant la pertinence d'un style sur l'analyse de la situation et le niveau de maturité professionnelle des collaborateurs.

Herzberg F., Mausner B., Snyderman B. *The motivation to work*, Wiley N.Y., 1959.
Herzberg développe une nouvelle approche de la théorie des motivations, après Taylor et Maslow, fondée sur la distinction entre les facteurs de contexte du travail (source d'insatisfaction) et les facteurs de contenu (les réels motivateurs).

Kepner C., Tregoe B., *Le manager rationnel*, Editions d'organisation,1972.
Ces auteurs tentent de définir une approche *quasi* scientifique de la prise de décision fondée sur l'analyse de situation, l'analyse de problème et une méthodologie décisionnelle particulièrement rigoureuse.

Lewin K., *Psychologie dynamique*, P.U.F., 1959.
L'auteur a défini le premier les règles de la dynamique de groupe et de l'animation non directive.

Sainsaulieu R., *L'identité au Travail*, Editions FNSP, 1976.
L'auteur s'intéresse à la dimension sociologique du travail, des rapports de force, des valeurs et des motivations.

Simonet J., *La maîtrise des méthodes d'organisation dans l'entreprise*, Les Editions d'Organisation, 1984.
Cet ouvrage propose un répertoire synthétique de l'ensemble des outils d'organisation à la disposition des responsables d'unité.

Spitz R. , *La première année de la vie de l'enfant*, Paris, P.U.F., 1958.

Spitz R., *Hospitalisme : genèse des conditions psychiatriques dans la prime enfance*, Etude psychanalytique de l'enfant, 1945.
L'auteur, sur un versant clinique, a montré l'importance des stimulations dans la constitution de l'identité et la relation à autrui ; les théoriciens de l'analyse transactionnelle ont beaucoup utilisé ses recherches.

Taylor F.W., *Scientific management*, Harper N.Y., 1911 (1947).
La division scientifique du travail ainsi que l'approche motivationnelle de Taylor ont correspondu à un état d'avancement de la société industrielle. Il est très intéressant de revenir sur son ouvrage de référence ne serait-ce que pour mesurer le chemin parcouru.

II – OUVRAGES GÉNÉRAUX OU D'ACTUALITÉ

Albou P., *Problèmes humains de l'entreprise*, Dunod, 1975.

Ansoff H.I., *Stratégie du développement de l'Entreprise*, Editions Hommes et Techniques, 1971

Benayoun R., *Entreprises en éveil*, Entreprise Moderne d'Edition, 1979.

Berne E., *Des jeux et des hommes*, Stock, 1975.

Bouquerel F., *Management*, Dunod, 1969.

Burke M., *A chacun son style d'entreprise*, Interéditions, 1987.

Bussières M., *Le management multi-dimensionnel*, Nathan, 1992.

Carre H., *Diriger des salariés aujourd'hui*, Maxima, 1991.

Chandler A.D., *Stratégies et structure de l'Entreprise*, Editions d'organisation, 1972.

Cocherel M., *Maîtriser son temps*, Entreprise Moderne d'Edition, 1984.

Crozier M., *L'entreprise à l'écoute (apprendre le management post-industriel)*, Interéditions, 1989.

Drucker P.F., *La grande mutation*, Editions d'organisation, 1970.
Je vous donne rendez-vous demain, Maxima,1992.

Gelinier O., *L'entreprise créatrice*, Editions Hommes et Techniques, 1972.
Stratégie de l'entreprise et motivation des hommes, Editions Hommes et Techniques, 1986.

Hickman C., *Le plus management*, Maxima, 1992.

Korenblit P., *Savoir déléguer*, Editions d'organisation, 1986.

Lambert J., *Politiques globales de communication interne*, E.M.E.,1981.

Leavitt H.J., *Psychologie des fonctions de direction dans l'entreprise*, Editions Hommes et Techniques, 1969.

Lemaître P., *Appréciation du personnel et entretien de bilan*, Editions d'organisation, 1983.

Lévy A., *Psychologie sociale*, Dunod, 1965 Tome 1 ; 1972, Tome 2.

Maier N.R.F., *Prise collective de décisions et direction des groupes*, Editions Hommes et Techniques, 1964.

March J.G. et Simon H., *Les organisations*, Dunod, 1971.

Meyer J., *Objectifs et stratégies de l'entreprise*, Dunod, 1972.

Mingotaud F., *La fonction d'encadrement*, Editions d'organisation, 1989.

Mintzberg H., *Structure et dynamique des organisations*, Editions d'organisation, 1982.

Morin P., *Le développement des organisations*, Dunod, 1971.

Peters T., Waterman R., *Le prix de l'excellence*, Interéditions, 1983.

Rigny A.J., *Diagnostic organisationnel*, Editions Agence d'Arc Inc., 1982.

Simonet J., *Le management d'une équipe*, Editions d'organisation, 1987.

Tessier D., Verne E., *Management situationnel*, INSEPEditons, 1988.

Achevé d'imprimer sur les presses de
l'imprimerie IBP à Fleury Essonne
N° d'impression : 7180